Scritti vari Polemiche

ROBERTO ARDIGÒ

1922

TABLE OF CONTENTS

PREFAZIONE

I.

L'opera di R. Ardigò come pensatore non si esaurisce negli undici volumi delle Opere filosofiche, ma si espande in più vie e si moltiplica in forme svariate, nelle Polemiche e nei Discorsi d'occasione, in articoli e nei giudizi o pensieri da lui sparsi nei periodici per condiscendere alle frequenti preghiere. Buono com'era non seppe mai, celebrandosi un avvenimento o una data importante o uno dei nostri geni, oppure incalzando un determinato problema d'interesse pubblico, rifiutare la propria collaborazione anche se l'età grave e gli acciacchi non gli consentivano di scrivere che poche righe. E in un uomo come Ardigò, la cui vita fu un continuo travaglio intellettuale e assidua meditazione, hanno un singolare valore pur le espressioni in apparenza modeste della sua mente, nelle quali l'altezza della ispirazione o la sagacia dell'argomento gareggia con la nobiltà del sentire in ogni ordine d'idee, cioè tanto in quello speculativo quanto in quello pratico (voglio dire politico, sociale, morale e religioso). Principalmente le caratteristiche della sua personalità spirituale si rivelavano nelle Lettere che ho qui riprodotte per documentare, fra l'altro, il processo della sua conversione e, insieme con la fortezza del carattere, l'incomparabile sua tenerezza verso Mons. Martini, l'angelo di Belfiore.

Ma l'Ardigò fu anche ingegno versatile, e n'è una prova l'abilità tecnica dimostrata nello studio ampio e nel piano da lui allestito e pubblicato per il risanamento della città di Mantova, la città del suo cuore (così egli la chiamava), come anche la molteplicità dei progetti edilizi nel disegno dei quali trovava ristoro dagli studi filosofici. Meritano però d'essere segnalati anche i suoi Versi, e specialmente la traduzione di venti canti del Buch der

5

Lieder di E. Heine, compresi nella presente raccolta.

II.

Tutta questa svariata materia, edita o inedita, in cui vibrano le note più alte dello spirito umano, fu messa insieme e trascritta con molta pazienza, in ordine prevalentemente cronologico, dallo stesso Ardigò, che le dava il titolo inadeguato di Quisquilie. Premetteva la seguente Avvertenza:
«Nell'ultimo periodo della mia vita ho pensato, come per un esame di coscienza, di raccogliere, per quanto mi fu possibile, in questa silloge di Quisquilie, tutto ciò che, fuori dei lavori filosofici, pedagogici e sul risanamento di Mantova, qua e là, in occasioni e in epoche diverse, ho messo fuori, incominciandolo dall'anno 1867, che fu il primo nel quale un mio scritto si stampasse. Se, trovando questo manoscritto, che lascio morendo, qualcheduno per caso lo scorresse e ne rilevasse che il mio pensiero e il mio sentimento, dai precedenti agli ultimi anni della mia abbastanza lunga vita, soffrirono alterazioni od oscillazioni, lo attribuisca alla logica delle riflessioni alle quali mi trovai condotto nelle diverse epoche e nelle diverse occasioni; e non creda che io mai mi infingessi e non manifestassi sinceramente e senza reticenze quanto la coscienza mi dettava.»
In realtà io, a cui egli benevolmente lasciava, con le altre cose sue più care, questo manoscritto, con la facoltà di darlo alle stampe, non vi trovo alcuna incoerenza vera e propria, non potendosi giudicare tale l'atteggiamento che verso la teologia Ardigò dimostrava nel 1867, disputando intorno alla Confessione, e dopo svestito l'abito talare. Ai principî della vita religiosa egli mantenne fede inalterata e profonda fino a che non s'accorse che contrastavano inconciliabilmente con quelli filosofici che si erano in lui, nello studio, a poco a poco maturati; e fu di fatto, prima della crisi, per comune attestazione, un sacerdote esemplare. D'altra parte lo scritto polemico circa la Confessione (nel quale, come nelle rimanenti Polemiche, è ammirevole, oltre alla dottrina, il poderoso nerbo dialettico) verte sopratutto su di una questione storica. L'assunto infatti è questo: La Confessione segreta nella Chiesa c'è sempre stata, e sempre fu raccomandata e dichiarata necessaria. ☐

III.

Nella polemica sulla Confessione svoltasi (è notevole) nel giornale politico di Mantova La Favilla, Ardigò difende i teologi romani accusati dal sign. Eugenio Pettoello, mediante citazioni storiche inesatte, d'«impostura e d'illogicità».
Quando poi il Pettoello, non sentendosi la forza di replicare alla lunga risposta dell'Ardigò rigorosamente documentata, ricorse all'ausilio del provetto teologo protestante Luigi De Sanctis, Ardigò ebbe pure buon giuoco poichè potè dimostrare come anch'egli falsasse e mutilasse i passi

che riportava. Ma se la questione si manteneva nei suoi naturali confini storici, non manca tuttavia, fra le osservazioni critiche dell'Ardigò, qualche importante accenno a problemi d'ordine più generale, come all'infallibilità del Papa (richiamata nella Pol. III), alla persecuzione degli eretici e all'Inquisizione, che Ardigò deplora mentre ne dà una interpretazione finemente giudiziosa.

Nella seconda polemica del 1872, del pari interessantissima, il vescovo di Mantova Mons. Rota non figura nel suo giornale Il Vessillo cattolico se non indirettamente; ma ben sapeva, l'Ardigò, che da lui era ispirato il dialogo fra il filosofo e un ignorante col quale mediante «buffonate», com'egli dice, più che con serie argomentazioni, si combatteva l'autore della Filosofia positiva. Quest'opera era già nota da due anni, per essere stata letta dall'Ardigò nelle tornate 8 e 22 Maggio e 12 Giugno 1870 dell'Accademia Virgiliana di Mantova, e fu pubblicata la prima volta (come introduzione a un lavoro più esteso) in volume, ☐pure in Mantova, l'anno medesimo. Come si può immaginare la polemica verte sui principî fondamentali ivi espressi, del Positivismo, e specialmente sulla natura dell'anima e del soggetto, sulla cognizione e la certezza, sul fondamento della Morale; e Ardigò non avea torto — come si vedrà leggendo — di richiamare il Rota, nel corso della discussione, al Vangelo e alla lealtà.

Un particolare interesse per la ricostruzione della vita e la delineazione del carattere dell'Ardigò presenta la Pol. III, contro la Gazzetta dell'Emilia (1883). L'Ardigò si difese assai brillantemente nella Gazzetta di Mantova contro l'accusa ivi lanciatagli, evidentemente per puro odio di parte, di «liberale dell'ultima ora» e «reazionario»; e dimostrò, quanto all'infallibilità del Papa, com'egli abbia seguito fino da principio quello ch'egli chiama «d'istinto della razionalizzazione del suo pensiero»; nè gli poteva riuscire difficile di addurre le prove del suo «liberalismo risoluto, notorio, ardente e battagliero» professato fino dalla giovinezza.

Del medesimo spirito liberale è testimonianza la Pol. IV, del 1903, contro la Massoneria. Egli avea dichiarato, e sostenne poi rigorosamente, che la Massoneria in uno Stato libero è un non senso; e che a combattere l'oscurantismo è più efficace l'opera indefessa ed aperta di educazione e di elevazione civile che non l'opera tenebrosa e nascosta di una setta; e che coll'esistenza di questa la gran massa popolare non può che perdere la fiducia nella giustizia pubblica del proprio paese, nell'idea che la massoneria sia poi in fine un'associazione d'interesse pei soci a danno di quelli che non vi appartengono. Questa coraggiosa dichiarazione gli fruttava, com'egli ☐disse, una nuova... scomunica; ma «è fortuna per me» — soggiungeva — «che alle scomuniche sono avvezzo, e nulla temo perchè nulla spero».

Ardigò rivendica infine nella Pol. IV (1904) la priorità e originalità della sua dottrina sull'impulsività dell'idea in confronto con quella delle idee-forze del Fouillée.

IV.

Eloquente e ricco non solo di rappresentazioni storiche ma di contenuto etico è specialmente il secondo dei due discorsi tenuti dall'Ardigò negli anni 1882 e 1883 intorno alla figura di Garibaldi in piazza Sordello a Mantova, esaltandosi, sotto gli auspicî dell'Eroe, «da fede operosa nel bene» come il grande segreto dell'avvenire della Nazione.

Fra gli Articoli è veramente squisito quello con cui s'inizia la serie su le ancelle della Carità, che traendo motivo da una questione locale propugna il principio che la carità è essenzialmente umana e si sostiene quindi e si educa all'infuori d'ogni legame religioso. Hanno pure un contenuto etico gli articoli seguenti: 4° La gerarchia dei godimenti; 5° La libertà del sentimento religioso; 6° L'unità internazionale; 9° Divisi dalle religioni la scienza ci riunirà; 10° Il dolore morale nella società; 12° La breccia di Porta Pia; 13° Il significato morale del XX Settembre. L'articolo 3° delinea in brevi tratti il vero cultore della scienza. Alla Psicologia appartengono l'articolo 11°, La polarizzazione del lavoro mentale; il 14° Le immagini rovesciate; il 16° La formazione inconscia delle convinzioni, e il 17°, che è una recensione critica di un articolo dell'Herzen sulla condizione fisica della □coscienza . Importantissimo per la psicologia, dirò così, dello studio, e per l'arte del pensare è lo scritto Il metodo del lavoro intellettuale di R. Ardigò.

Un contributo cospicuo alla Pedagogia è rappresentato dagli art. 2° I programmi e l'ordinamento dell'insegnamento; 7° La filosofia nell'Università; 8° La scuola classica e la filosofia. A questi tre articoli possiamo aggiungere, per il genere del contenuto, le lettere successivamente riprodotte ai numeri 10 e 11, che riguardano l'una l'opera dei professori universitari, e l'altra l'insegnamento religioso nelle scuole dello Stato.

Delle Lettere sono commoventissime quelle dell'Ardigò al Martini segnate con i numeri 2, 4, 5, alle quali ho accennato anche più sopra; e a comprendere ancor meglio quanta fosse la venerazione dell'Ardigò per l'Uomo che l'avea assistito in ogni momento della sua vita con amore paterno, come anche a dare un'altra prova del rispetto sempre manifestato dall'Ardigò verso il sentimento religioso quando sia nobile e sincero, ho creduto opportuno riportare la lettera con cui l'Ardigò descrive la religiosità di Mons. Martini (n. 6). Nella stessa serie delle Lettere ho compreso la polemica relativa al Pellegrinaggio alla tomba di Vittorio Emanuele in Roma (n. 7); e a convalidare l'impressione che essa suscita in chi legge, non ho stimato inutile citare in nota il giudizio del Luzio. Lo spirito d'indipendenza dell'Ardigò emerge, fra l'altro, sia dalla nota 2a (Ardigò era un crispino?), sia dalla lettera 8a con cui Ardigò rifiutava la candidatura offertagli a Mantova; e quanto amasse questa sua Città è provato anche dalla lettera 9a.

Seguono i Giudizi semplici e meditati che Ardigò ebbe occasione di scrivere intorno a G. Trezza e la Chiesa, G. Bruno, G. Mazzini, G. Bovio, Leone

XIII.

I Pensieri si possono classificare così:

a) Filosofici; 4° Le idee alla moda; 5° Il Vero e l'influenza dei sentimenti; 7° Nascere e morire; 8° Idee e sentimenti; 10° La natura malefica; 14° La filosofia del Bergson; 15° L'individuo; 16° Fede e filosofia; 18° Il materialismo storico; 19° Il disprezzo della filosofia; 23° Astruserie esotiche; 24° Filosofia vagabonda.

b) Morali: 3° Il conforto delle idealità; 6° La costrizione del pensiero; 9° La vendetta; 12° L'apostata; 13° La responsabilità dei mali sociali; 17° La tolleranza delle sventure; 21° Vita e amore; 22° Vanità e disonestà.

c) Politici: 1° Partito e libertà; 11° La fratellanza universale; 20° Retorica e libertà.

d) Pedagogici: 2° L'ufficio dell'educatore.

Uno Scherzo in un'ora allegra in dialetto mantovano e tradotto in versi italiani, si legge con gusto. Di fatto Ardigò era in compagnia degli amici uomo gioviale, e lo scherzo gli piaceva. I Canti del Buch der Lieder dell'Heine tradotti dall'Ardigò con infinita cura sono, per giudizio dei più competenti, veramente riusciti.

Ragioni di spazio non hanno concesso di comprendere in questa raccolta di Scritti vari i due ultimi lavori □ dell'Ardigò Natura naturans e L'idealismo e la Scienza dei quali il primo fu scritto in parte nel 1917 a Padova e terminato nel 1918 a Mantova, e il secondo fu compilato con grande stento in quest'ultima città successivamente. Alla loro pubblicazione (ed. Mondadori) concorse gentilmente il Comune di Mantova. Raccolgono in sè alcune delle direttive supreme del pensiero filosofico dell'Ardigò, e sono gli ultimi baleni della sua genialità, confermando in pari tempo la coerenza sistematica da lui saldamente consacrata fino alla decrepitezza, tanto travagliata dalla lunga aspra malattia nervosa che lo condusse alla tomba.

V.

Della Vita e del Pensiero di R. Ardigò io trattai diffusamente nel volume pubblicato con questo titolo nel 1907 (Milano, Hoepli); e poiché è da parecchi mesi esaurito, ho creduto opportuno ricomporlo con nuovi criterî, anche per ricostruire con ampiezza critica il Positivismo o Naturalismo umanistico dell'Ardigò. Uscirà infatti prossimamente per i medesimi tipi in cui escono i presenti Scritti col titolo: R. Ardigò: l'Uomo e l'Umanista. Qui pertanto, a dare di questi Scritti una visione più illuminata, mi limiterò a tracciare della vita dell'Ardigò le linee maggiori; e quanto alle Opere indicherò i soggetti contenuti negli undici volumi. Si deve aggiungere la Scienza dell'educazione, opera pubblicata a parte in più edizioni (Padova, Drucker).

Ardigò nacque primo di cinque fratelli a Casteldidone, nella provincia di Cremona, il 28 Gennaio del 1828 da genitori rimasti poverissimi quand'egli era ancor bambino. All'età di otto anni fu condotto a Mantova dove avea dovuto andare suo padre per guadagnarsi da vivere lavorando in una fabbrica di paste alimentari. Studiò alle scuole pubbliche di Mantova fino all'anno 1845 e poi in quel Seminario. Ordinato prete nel 1850, fu addetto all'istruzione, prima nello stesso Seminario, poi, dal 1856, nelle Scuole pubbliche del Ginnasio e successivamente del Liceo (per varî insegnamenti, e poi per la sola filosofia), e, dal 1870, pure nell'Istituto tecnico per la lingua tedesca. Depose l'abito ecclesiastico il 10 aprile 1871; e al principio del 1881 fu nominato professore di Storia della filosofia all'Università di Padova. Continuò con molta solerzia nel suo insegnamento fino al 1909, nel quale anno ottenne il collocamento a riposo. La pietà degli amici di Padova e di Mantova lo indusse nel Febbraio del 1919 a lasciarsi trasportare, malato, a Mantova, non essendo in grado di sopportare più a lungo il martirio inflitto a Padova dai nemici tedeschi con le incursioni aeree. Nella città che amorevolmente l'ospitava, dopo sofferenze che Io tormentavano assai crudamente da tre anni, cessava di vivere il 15 Settembre 1920.

Volle egli stesso che sulla sua tomba fosse posta questa iscrizione:

QUI GIACE

ROBERTO ARDIGÒ

NATO IL 28 GENNAIO 1828 MORTO IL 15 SETTEMBRE 1920

DOPO UNA VITA INTERAMENTE DEDICATA

ALLA SCIENZA ALLA SCUOLA

Padova, ottobre 1920,

Giovanni Marchesini

NOTE

1. Sotto il titolo Quisquilie Ardigò avea raccolte anche le numerose recensioni da lui pubblicate, dei lavori di filosofia italiani, nell'Archiv für systematische philosophie (1895); ma per ragioni perentorie di economia di spazio ho dovuto escluderle da questi Scritti, con molti altri discorsi, articoli, giudizi e pensieri, epigrafi, dell'Ardigò stesso.

POLEMICHE

La confessione

Avvertenza. — La polemica intorno alla Confessione svoltasi nel 1867 nel Giornale mantovano La Favilla, per opera del sign. Eugenio Pettoello e del teologo Luigi De Sanctis, e il prete prof. R. Ardigò, venne ristampata in un opuscolo l'anno medesimo (Mantova, Stab. tip. eredi Segna).
Si avvertiva il lettore che, com'era giusto, le risposte dell'A. non vertevano che «sulle questioni intavolate dagli avversari, e perciò molte cose anche essenziali in proposito della Confessione non possono esservi state trattate. Il lettore è pregato di non dimenticarlo».

La confessione - I

I.

Oggi, o lettori, non vi condurremo nella cloaca del Vaticano, nè sulla tavola anatomica per mostrarvi il famoso cadavere della domenica scorsa. Ma invece tratteremo sopra il dogma che si chiama confessione, ma che in sostanza non è che uno istrumento della religione non di Cristo, ma dei papi. Se non sfidati non entreremo in questioni teologiche: ci restringeremo solo al lato storico per mostrare che la confessione non fu istituita dal Nazareno, ma bensì fu ordinata da papa Innocenzo III nel 1215, poscia proclamata sacramento da papa Eugenio IV ☐nel 1439; finalmente fatta dogma di fede dal concilio di Trento.
Senza preamboli passiamo ai fatti gettando uno sguardo alle storie ecclesiastiche di Socrate, Sozomeno, Eusebio e Niceforo Calisto, le quali ci raccontano che dalla chiesa primitiva sorsero varie sette religiose che facevano proseliti per loro conto: allora i vescovi dell'impero d'oriente

destinarono un prete per città sotto il titolo di penitenziere, il quale doveva ascoltare gli apostati che ritornavano in grembo della primitiva chiesa; e costoro non solo erano obbligati alla confessione ma pure alla penitenza, e sempre pubblicamente.

Domandiamo noi se questa è la confessione dei nostri giorni! e se ancora lo fosse, sarebbe forse una prova della divinità d'un tale dogma?

Ma udite! poco tempo dopo il vescovo di Costantinopoli per uno scandalo successo abolì la neo-nata confessione avendosi sollevato il popolo a tale istituzione, esempio seguito in tutte le città dell'impero d'Oriente. (Vedi storia ecclesiastica di Socrate).

Ma vedi che fatalità! mentre il vescovo di Costantinopoli aboliva la confessione, il vescovo di Roma, ossia il papa Leone I la introduceva nell'anno 459 ma sempre per le ragioni e con i modi sopraindicati. Ma ecco che nella Spagna circa nell'anno 550 il clero principiò abusivamente a introdurre la confessione all'orecchio del prete con l'abolizione dei peccati. Fu allora che i nostri padri della chiesa oggi dichiarati santi dagli infallibili papi protestarono contro tale infamia: e difatti udite, o lettori, cosa dice S. Grisostomo: Dio solo ti vegga quando ti confessi; Dio il quale non rimprovera ma rimette i peccati che a lui solo si confessano (Omelia 58). Io non ti dico che tu porti in pompa i tuoi peccati al pubblico; nè che vada ad accusarli ad altrui (intendete, preti?) ma confessali presso il tuo Dio se non colla lingua, almeno colla memoria (Omelia 31). S. Ilario dice: Non bisogna confessarsi a nessun altro che a Dio (Ila. p. s. L. I.).

S. Ambrogio dice: Pietro si pentì, pianse; imperocché peccò come uomo: ma non trovo scritto che esso dicesse alcuna cosa; trovo che pianse, leggo le di lui lagrime ma non la sua confessione (Lib. X evan. S. Luca).

Ma troppo si andrebbe a lungo; basta che il lettore sappia, che la confessione all'orecchio del prete posta in uso nella Spagna fu abolita e condannata nel terzo concilio di Toledo tenuto l'anno 590. (Vedi XI canone di questo concilio).

Cosa ne dicono i teologi papisti di questo canone? saprebbero smentirlo? È vero che un tale... ci ebbe la sfrontatezza di negare che nel 1439 abbia avuto luogo il concilio di papa Eugenio IV, ma dice: io non credo che abbia avuto luogo la battaglia della Meloria perchè non c'ero in quei tempi; cosa diremo di lui? meno imposture e più logica. Ma per ora si prosegua la nostra storia.

Carlo Magno oltre d'essere un gran politico, voleva essere gran teologo, fece radunare dei concilii che spinti dal loro padrone ordinarono la confessione auricolare ma volontaria e senza assoluzione. (Concilio di Châlons anno 813 e quello di Tours. Bibliot. Patr. tom. X).

Noi non comprendiamo! un concilio abolisce la confessione in Spagna, altri due la ordinano ma non obbligatoria; un altro non solo la ordina come vedremo, ma dice: non potete essere salvi senza la confessione; ma dunque qualcuno di questi concili ha errato? ma baje! sono infallibili come i papi;

non è vero, o teologi romani?!?

Per altri quattro secoli la confessione restò addormentata quando per maledizione del genere umano lo Spirito Santo fece eleggere papa l'infame Innocenzo III. Raunò il IV concilio lateranese nell'anno 1215 e pubblicò un decreto nel quale ordina la confessione all'orecchio del prete almeno una volta all'anno. Contemporaneamente stabilì il tribunale della santa inquisizione coll'obbligo di denunziare al confessore tutti quelli che fossero in odore di eresia. E non ci smentite, o signori, perciocchè noi grideremo sempre al popolo ingannato: Aprite la storia dei concilii (autore Labbè) nel tomo undicesimo, nella parte prima, alla pagina 430, troverete un decreto del concilio di Tolosa tenuto nel 1229 il quale estende il precetto di Innocenzo III ed ordina non più la confessione una, ma tre volte all'anno per potere distruggere efficacemente l'eresia. Or che ne dite, o lettori?

Ma pure, ancora la religione dei papi non era orrida al punto che si trova oggi; la confessione era un puro decreto disciplinare, non mai un sacramento, anzi neppure vi era l'assoluzione.

Però lo Spirito Santo pensò di far eleggere dai santissimi Cardinali papa Eugenio IV, e questo nel concilio di Firenze nel 1439 fece proclamare la confessione un sacramento istituito da Gesù Cristo!!

Finalmente il famoso e gran concilio di Trento completò la confessione dichiarandola dogma di fede! e chi volontariamente morisse senza confessarsi, è condannato eternamente all'Inferno.

Ma dite, o teologi romani, tutti quelli che morirono prima del vostro concilio sono all'Inferno? se no, perchè dobbiamo andarvi noi? forse perchè lo dite voi? e via! è troppo grossolana. Preghiamo caldamente il lettore a riflettere sopra questo articolo, verificare le annotazioni e vedere se chi scrive dice la verità; fra sette giorni daremo gli effetti di questo dogma che si chiama confessione.

Ora ascolti un tale a cui domenica scorsa non piaceva l'articolo I successori di S. Pietro. Provvedetevi le celebri Provinciali di Pascal e vedrete che i gesuiti insegnarono non solo la calunnia ma qualunque sorte di delitto purchè si ottenga lo scopo, cioè di estirpare gli eretici, e noi, credeteci, siamo in quel numero (ciò vi dirà il vostro confessore), e se non ci credete, interrogate la storia, ella vi dirà che nell'ultimo secolo 326 scritti della Società di Gesù sono stati condannati, e che il parlamento di Parigi gli ha fatti bruciare nel 1762 per mano del carnefice, (vedi: Du Jèsuitisme ancien et moderne par l'archev. De Molines) e queste 326 pubblicazioni, scritte e approvate tutte, da teologi gesuiti, vi insegnano che 28 incoraggiarono lo spergiuro; 33 il furto; 36 l'omicidio; 17 l'impudicizia; 68 l'assassinio sui re alla maniera di Ravaillac: (Vedi Gaussen: sommo pontefice) e tutto vi si permette in nome di Gesù e di Maria!! purchè si estirpi tutti quelli che non credono alle loro imposture. Dunque, vi potete figurare quale sorpresa ci fece il sentire Voi a calunniarci! ma continuate pure, noi continueremo ad anatomizzare e dica pure chi sentesi capace a smentire le nostre asserzioni, e noi non avremo paura.

E tutto questo sia detto fra noi senza adirarsi!

E.P.

SULLA STORIA DELLA CONFESSIONE ESPOSTA
NEL N 181

Il signor Eugenio Pettoello scrive sulla Favilla degli articoli teologico-storici. La gente li piglia sul serio, perchè vi si fa un grande sfoggio di prove, e vi si sfidano, con una intrepidezza veramente stupenda, tutti quanti i teologi romani, che vi sono qualificati, dal primo fino all'ultimo, siccome impostori e senza logica.

Perchè abbiano modo di disilludersi quelli tra i sorpresi che sono in buona fede, mi sono tolto la briga di fare l'analisi di uno di questi articoli. Di quello, inserito nel n. 181 del 23 giugno p. p. sulla Confessione. Ritengo ☐che ne apparirà abbastanza il valore di teologo e di storico dell'articolista, e quindi la stima da farsi delle sue elucubrazioni domenicali.

Riporterò intero, nessuna parola eccettuata, il detto articolo della confessione: meno l'ultimo capoverso, che va sopra un altro argomento e che ho dovuto lasciar fuori per non andare troppo in lungo. Il mio discorso si tiene rigorosamente a quello soltanto che è richiesto dalla presente polemica. Se a qualcheduno, leggendo, nascesse il desiderio di maggiori lumi sulla materia, non posso dirgli se non che vada in cerca dei libri che ne trattano, e ne troverà una biblioteca.

L'articolo incomincia con queste parole:

«Oggi, o lettori, non vi condurremo nella cloaca del vaticano, nè sulla tavola anatomica per mostrarvi il famoso cadavere della domenica scorsa. Ma invece tratteremo sopra il dogma che si chiama confessione, ma che in sostanza non è che uno istrumento della religione non di Cristo ma dei papi. Se non sfidati non entreremo in questioni teologiche - e questo è il preambolo, che lasciamo stare per non perderci negli accessori: poi segue l'assunto, ossia il compendio di tutto l'articolo: — ci restringeremo solo al lato storico per mostrare che la confessione — vuol dire l'auricolare — non fu istituita dal Nazareno, ma bensì fu ordinata da papa Innocenzo III nel 1215, poscia proclamata sacramento da papa Eugenio IV nel 1439; e finalmente fatta dogma di fede dal concilio di Trento.»

La confessione è stata ordinata da Innocenzo III nel 1215? Ma se voi, più avanti in questo medesimo articolo, scrivete che è stata ordinata nell'anno 813 (quattro secoli prima) nei concilii di Châlons e di Tours?

La confessione è stata ordinata da Innocenzo III nel 1215? Ma come è dunque, che gli orientali divisi da Roma, alcuni fino da otto secoli prima del 1215, tutti almeno da cento e più anni, e quindi avversi a tutto ciò, □che fosse ordinato allora dal papa, hanno sempre praticato la confessione? Certo perchè la praticavano fino dai tempi antichi; da quei tempi almeno, che precedettero la loro separazione dalla chiesa occidentale. Non mai perchè l'ordinasse un papa. L'ordine di un papa per loro poteva piuttosto produrre l'effetto contrario. Questi orientali, come dissi, furono sempre tenacissimi della osservanza della confessione, come lo mostrano evidentissimamente i concilî, i teologi, le eucologie, i libri penitenziali dei Greci scismatici, dei Maroniti, dei Nestoriani, dei Ruteni, dei Cofti Eutichiani e dei Giacobini. Inoltre come si spiega allora il fatto, attestato tra gli altri dal Lingard, sopra documenti irrefragabili, nella sua opera The antiquities of the Anglo-Saxon church, che quelli che furono mandati a convertire l'Inghilterra da S. Gregorio Magno nell'anno 495 (seicento e più anni prima di Innocenzo III), tra le altre cose, vi introdussero il precetto della confessione sacramentale?

La confessione è stata ordinata da Innocenzo III? Perchè dite questo? Perchè nel canone 21 del concilio lateranese IV, tenuto durante il suo pontificato, è stato prescritto che tutti i fedeli devono, almeno una volta all'anno alla Pasqua, confessarsi e comunicarsi? Ma allora per la stessa ragione sareste obbligato a sostenere la tesi assurdissima, che anche la comunione è stata ordinata, non dal Nazareno, ma dallo stesso Innocenzo III. Volete sapere il senso vero dell'ordine, del resto non nuovo, come vedremo sotto, del concilio lateranese? La confessione, come cosa essenzialissima nella chiesa, vi era sempre stata praticata dai fedeli. Una legge, che ingiungesse loro di confessarsi in un determinato tempo, propriamente non c'era. Non ce n'era bisogno. Ciascuno, quando occorreva, lo faceva spontaneamente; allo stesso modo, che chi ha fame non ha bisogno ordinariamente, che sia costretto a mangiare dal comando di nessuno. Se non che, al tempo di Innocenzo III, il sentimento religioso si era in molti così affievolito, che si giudicò necessario di eccitarli, con una prescrizione espressa, a fare quello che altrimenti, con loro grave danno, non avrebbero fatto. Precisamente come il medico ordina di mangiare, se vede che ne ha bisogno, ad uno che, non appetendo per malattia sofferta il cibo, con suo svantaggio se ne asterrebbe.

La confessione è stata ordinata da Innocenzo III? Ma se si possono citare in contrario, per tutti i secoli anteriori a questo papa, da riempirne dei volumi, delle testimonianze e dei fatti di ogni genere? .

Conchiuderò con una osservazione. I famosi quattro libri delle sentenze scritti da Pietro Lombardo (morto arcivescovo di Parigi nel 1164) molti anni prima del pontificato di Innocenzo III, erano il testo che serviva di base all'insegnamento nelle scuole teologiche di quel tempo e dei successivi: rappresentano quindi le dottrine, che erano allora universalmente seguite. Ora che cosa vi leggiamo relativamente alla confessione? Vi leggiamo non solo quello, che mostrano di averne creduto i padri del concilio lateranese IV; non solo quello che voi dite essere solo venuto in mente ad Eugenio IV nel concilio di Firenze del 1439; ma perfino quello, che, secondo voi, è stata una idea dei padri del concilio di Trento. Non lo credete? Bene; aprite l'opera, che vi ho nominato, al libro IV, Distinzione II, dove tra i sacramenti è annoverata la penitenza; poi alla Dist. XVI parte I, dove è detto che la penitenza abbraccia «da compunzione del cuore, la confessione della bocca, e la soddisfazione dell'opera;» poi □alla Distinzione XVII parte I, e vi leggerete queste parole: «È dunque necessario che il penitente confessi i peccati se ne ha il tempo;» e alla parte II, e troverete queste; «Per queste e molte altre (ragioni e autorità) si dimostra con tutta certezza, che è necessario offrire la confessione prima a Dio e poi al sacerdote, e che diversamente non si può salvarsi, ecc.» perchè al sacerdote, come è detto nella successiva Distinz. XVIII p. I è data la facoltà di rimettere e di ritenere i peccati. Come? Voi dite, che non si era mai pensato, che la confessione fosse obbligatoria prima del 1215. e qui invece troviamo che lo si credeva anche prima del 1164. Voi dite, che «fu proclamata sacramento da Eugenio IV nel 1439» e dai libri delle sentenze rileviamo, che era ritenuta tale anche prima di Innocenzo III. Voi dite che fu «fatta dogma di fede dal concilio di Trento» e Pietro Lombardo vi fa sapere che non diversamente era qualificata quattro secoli prima.

«Senza preamboli passiamo ai fatti gettando uno sguardo alle storie ecclesiastiche di Socrate, Sozomeno, Eusebio e Niceforo Calisto, le quali ci raccontano che dalla chiesa primitiva sorsero varie sette religiose che facevano proseliti per loro conto; allora i vescovi dell'impero d'oriente destinarono un prete per città sotto il titolo di penitenziere, il quale doveva ascoltare gli apostati che ritornavano in grembo alla primitiva chiesa.»

I penitenzieri non sono stati istituiti a motivo delle sette, come qui è detto. Lo furono per presiedere ai penitenti, a quelli cioè che, avendo commesso di quei peccati gravi, che escludevano dalla comunione dei fedeli (come vedremo sotto) si erano assoggettati agli atti pubblici di penitenza, che si esigevano per ottenere la riconciliazione. La sorveglianza e la cura di questi penitenti era prima tenuta dai Vescovi, ma, essendone cresciuto di troppo il numero nella persecuzione di Decio, ciascun vescovo pensò di farsi ajutare da un prete, che fu chiamato l'economo della penitenza, ossia il penitenziere: molto più che importava assai di stabilire e di mantenere nella chiesa una ☐regola rigorosa di penitenza, per togliere forza all'accusa di rilassatezza, che le era fatta dai Novaziani.

Ed è tanto falso che i penitenzieri siano stati introdotti a cagione delle «sette religiose che facevano proseliti per loro conto», come dice il signor E. P., che gli storici da lui citati Socrate e Sozomeno (degli altri non parlo perchè non ho avuto tempo di leggerli), in quel passo della loro storia che narra il fatto, a cui alludono le parole dell'articolo, che riportiamo sotto, dicono espressamente, che l'uso del penitenziere c'era anche presso le diverse sette, e che, abolitone l'uso a Costantinopoli, come raccontano, da Nettario, continuò ad essere mantenuto dalle sette medesime. Socrate (nel luogo sopra indicato) dice: «In quel tempo (dopo la persecuzione di Decio) i vescovi aggiunsero all'albo ecclesiastico il penitenziere... e questa regola dura ancora presso le altre sette». E Sozomeno dopo aver parlato dell'abolizione del penitenziere a Costantinopoli per ordine di Nettario, soggiunse: «L'uso del penitenziere dura ancora presso tutte le altre sette (meno quella dei Novaziani) ed è scrupolosamente osservato nelle chiese occidentali e principalmente nella chiesa romana». Prego il lettore di tener bene a mente queste ultime parole.

In fine poi del brano che esaminiamo, è detto, che ufficio del penitenziere era di «ascoltare gli apostati ecc.»; e poi subito dopo, come vedremo, è affermato, che non c'era altra confessione che la pubblica. Qui mi pare che ci sia della contraddizione. Per una confessione pubblica, che ha da essere sentita da tutti, come ci ha da volere un prete apposta per ascoltarla?

«... e costoro non solo erano obbligati alla confessione ma pure alla penitenza, e sempre pubblicamente.

Domandiamo noi se questa è la confessione dei nostri ☐giorni! e se ancor lo fosse, sarebbe forse una prova della divinità d'un tal dogma?

Ma udite! poco tempo dopo il vescovo di Costantinopoli — quel Nettario che sopra abbiamo nominato — per uno scandalo successo abolì la neonata confessione avendosi sollevato il popolo, esempio seguito in tutte le città dell'impero d'Oriente. (Vedi storia ecclesiastica di Socrate)».

Secondo l'articolista, primo: l'uso della penitenza pubblica, colla confessione relativa, sarebbe invalso nella chiesa poco tempo prima che Nettario l'abolisse: e l'abolì poco dopo il 381; secondo: non sarebbe stata conosciuta nella chiesa primitiva altra confessione dei peccati, che quella che si faceva solennemente dai pubblici penitenti. Falsissimo l'uno e l'altro supposto.

Falsissimo il primo. La penitenza pubblica ha cominciato colla chiesa. Per convincersene basta leggere il libro II delle Costituzioni Apostoliche, attribuite a S. Clemente papa, terzo successore di S. Pietro, e che sono fuori d'ogni dubbio una raccolta degli atti dei tempi primitivi della chiesa. E poichè ci è stato nominato Sozomeno, riporteremo un passo del libro VII della sua storia ecclesiastica dove, dopo la descrizione delle formalità della penitenza pubblica, fra cui anche della confessione, si conchiude con queste parole: «Ciò osservano i vescovi della città di Roma, dai tempi più antichi (jam inde ab ultima vetustate) fino alla nostra età.».

Falsissimo il secondo. La confessione pubblica era una semplice prescrizione disciplinare, in aggiunta della segreta e si estendeva soltanto ai peccati più gravi, vale a dire, all'idolatria, all'omicidio e all'adulterio. Il concilio di Elvira p. e. (anno 313) ne' suoi 81 canoni sulla penitenza non ne ha nemmeno uno, nel quale si ordini una □pubblica espiazione per un peccato diverso e non affine ai tre accennati. S. Agostino in molti luoghi de' suoi scritti e specialmente al capo 26 del libro Della fede e delle opere, distingue i peccati veniali, che possono essere rimessi anche senza confessione, dai mortali. E dice, che di questi non si ottiene il perdono senza la confessione. Fra i mortali poi nota, che i più gravi importano una penitenza pubblica. Citerò ancora un passo del celeberrimo Origene, morto nel 253 (e ne potrei citare moltissimi, di diversi), dal quale apparirà, che la confessione segreta, siccome indispensabile per ottenere presso Dio il perdono dei peccati gravi, fosse in uso anche quando vigevano le transitorie prescrizioni disciplinari della penitenza e della confessione pubblica. Dice Origene: «I peccatori mentre si accusano e si confessano, insieme rigettano il delitto e distruggono ogni cagione del loro malore. Con tutta la diligenza esamina a chi debba confessare il tuo peccato. Scegli prima il medico... e poi segui il suo consiglio. Se esso capirà e prevederà, che il tuo male è tale che debba esporsi e curarsi in faccia a tutta la chiesa, perchè forse gli altri ne potranno prendere edificazione e tu medesimo facilmente guarirne, è questa una cosa da trattarsi con molta riflessione e coll'esperto consiglio di un tal medico.»

Ciò posto, rispondiamo al sig. E. P. che «da confessione dei nostri giorni» non corrisponde a quella pubblica, di carattere puramente disciplinare, mutabile e transitorio. Ma bensì a quella segreta, che si praticò dalla chiesa in tutti i tempi, anche nei primissimi; che non fu, che non potè mai essere abolita; che sempre si ritenne da tutti essere necessaria per ottenere il perdono dei peccati non leggeri; che quindi la chiesa errerebbe a non riferire ad un ordinamento apostolico e divino, che si fonda sul potere conferito da G. C. agli apostoli e per loro ai sacerdoti, di rimettere e di ritenere i peccati, che per monumenti indubbi consta essere stato stabilito fino dal principio, in tutte le chiese apostoliche, come abbiamo accennato.

Il vescovo di Costantinopoli Nettario non può avere abolito la confessione segreta. Ciò risulta dalle cose dette e da quelle che diremo. Risulta da ogni sorta di testimonianze, e specialmente da quelle di S. Giovanni Grisostomo suo successore, delle quali toccheremo dopo. Risulta perfino dalle parole colle quali gli storici, citati dall'articolista, Socrate e Sozomeno, riferiscono il fatto di Nettario. Nettario può solo avere abolito la confessione pubblica. E perfino dalle parole colle quali gli storici, citati dall'articolista, Socrate e Sozomeno, riferiscono il fatto di Nettario perchè ad ogni modo è certo, che la penitenza e la confessione pubblica si praticavano ancora a Costantinopoli sotto il successore di Nettario S. Giovanni Grisostomo, come lo attesta il medesimo ne' suoi scritti, e il suo discepolo S. Nilo. E quanto alle altre chiese d'oriente non deve mai esservi stata abolita, mentre S. Gregorio Nisseno, nella sua lettera canonica scritta dopo l'anno 400, e quindi alcuni anni dopo che Nettario ebbe promulgato il suo decreto, afferma che era in tutte le chiese d'oriente conservato in ufficio l'economo della penitenza. Noto, primo di passar oltre, qualche altra inesattezza nelle parole dell'articolo. Il popolo, secondo Socrate e Sozomeno, non si è sollevato per l'istituzione. L'istituzione non c'entrava. Si è sollevato per un fatto che si è rivelato in una pubblica confessione. Il lettore poi, nell'ambiguità del costrutto dell'articolo, guardi bene di riferire «l'esempio seguito in tutte le città dell'impero d'oriente» alla accennata sollevazione del popolo: i detti storici questo esempio lo riferiscono alla abolizione. ☐«Ma vedi fatalità! mentre il vescovo di Costantinopoli aboliva la confessione — non restò abolita che quella pubblica; e non del tutto e per poco, come abbiamo visto — il vescovo di Roma, ossia papa Leone I, la introduceva nell'anno 459 ma sempre per le ragioni e con i modi sopra indicati — cioè da farsi in pubblico — .»

Questa sì che è grossa! La confessione pubblica istituita in Roma nel 459 da papa Leone I? Si ricordano i lettori le parole che ho citato sopra di Sozomeno, che dicono, che la penitenza pubblica in Roma era osservata fino dai tempi più antichi? Dunque non può averla introdotta S. Leone. Questo papa al più può averla rimessa in vigore. Ma che si dirà a leggere la lettera decretale di S. Leone, appunto del 459, ai vescovi dell'Italia meridionale, che è quella a cui allude il Sig. E. P. e che qui voglio trascrivere, vedendo che dice tutto il contrario? E che, invece di tendere ad introdurre, come è stampato nell'articolo, la confessione pubblica, mira a diminuirne l'uso, e a raccomandare la confessione segreta? Ecco la decretale, che ho preso dagli Annali del Baronio:

«Abbiamo stabilito di proibire che si reciti pubblicamente la dichiarazione dei peccati fatta in iscritto, mentre basta manifestare ai sacerdoti, per mezzo della confessione segreta, i peccati dei quali uno si trova colpevole. Poichè quantunque debba lodarsi la pienezza della fede in quelli, che non temono di coprirsi di confusione dinanzi agli uomini, temendo essi più Dio, nondimeno, siccome tutti quelli che domandano la penitenza non commisero già i peccati pensando di doverli pubblicare, così è necessario abolire questo sì biasimevole costume per timore, che molti non si privino dei rimedi della penitenza e non se ne ritirino per il rossore o per lo spavento che potrebbero avere di manifestare ai loro nemici azioni, le quali meritano ☐di essere punite dall'autorità delle leggi; giacchè basta quella confessione che si fa prima a dio e poi al sacerdote».

«Ma ecco che nella Spagna circa nell'anno 550 il clero principia abusivamente a introdurre la confessione all'orecchio del prete con l'assoluzione dei peccati. Fu allora che i nostri padri della chiesa oggi dichiarati santi dagli infallibili papi che — questo che c'è di più — protestarono contro tale infamia; e difatti udite, o lettori, cosa dice S. Grisostomo... S. Ilario... S. Ambrogio.»

Nel 550 il clero della Spagna introdusse, voi dite, la confessione segreta. Allora, voi soggiungete, allora, cioè nel 550 o poco dopo, i padri della chiesa e specialmente S. Grisostomo, S. Ilario, S. Ambrogio protestano contro tale infamia. Benissimo! Ma, ditemi un poco, come hanno potuto questi padri protestare contro una infamia del 550, mentre S. Grisostomo è morto nel 407 (143 anni prima), S. Ambrogio è morto nel 397 (153 anni prima) e S. Ilario è morto nel 367 (183 anni prima)? Signor Pettoello, vi compromettete troppo.

Voi dite anche, in questo brano, che il clero nella Spagna introdusse nel 550 la confessione «con l'assoluzione dei peccati». Più avanti non ve ne ricordate più: e affermate, che fino al 1439 nella confessione «neppure vi era l'assoluzione».

Del resto, che cosa è succeduto nella Spagna intorno a questo anno 550, onde l'articolista sia autorizzato ad asserire, che circa quell'anno il clero principiò a introdurvi la confessione all'orecchio del prete? La disposizione di qualche concilio, l'ordine di un qualche vescovo, un qualche complotto? Perchè l'articolista, che tanto ama le citazioni, non ne mette qui nessuna? Io poi devo qui accusare la mia imperizia nella storia ecclesiastica. Non ho potuto trovare altro, che vi possa avere una qualche relazione, se non i canoni VIII e IX del concilio di Barcellona, che fu tenuto un po' prima, nell'anno 540. È a questo concilio che allude il sig. E. P.? Allora risponderei che, se ivi si parla dell'assoluzione data ai malati, prima che abbiano potuto compire le opere pubbliche di penitenza, non se ne parla già come di cosa nuova e ordinata allora allora, ma come di cosa già praticata, come è certissimo, sempre, anche prima, nella chiesa.

Dalle cose dette poi apparirà già senz'altro assurda l'asserzione, che la confessione segreta cominciò ad essere introdotta nella Spagna nel 550. Chi volesse altre prove dell'uso molto più antico della confessione segreta anche nella Spagna può leggere p. e. la Parentesi sulla penitenza di S. Paciano vescovo di Barcellona intorno all'anno 350.

Ma veniamo ai passi di S. Grisostomo, di S. Ilario, e di S. Ambrogio, addotti dall'articolista per provare che quei santi «protestarono contro l'infamia» della confessione auricolare.

Dice S. Grisostomo: «Dio solo ti vegga quando ti confessi, Dio, il quale non rimprovera, ma rimette i peccati che a lui solo si confessano» (Omelia 58).

Volete proprio sapere che cosa dice in quel luogo il Grisostomo? Ecco le sue parole: «Ma hai tu vergogna ed arrossisci tu a manifestare i peccati? La ragione ci sarebbe se i peccati dovessero essere detti e propalati fra gli uomini... Ma non è necessario di confessarsi alla presenza di testimoni... Dio solo ti ascolti quando ti confessi, Dio che non rinfaccia i peccati ma li rimette colla confessione». Queste sono le parole precise, le quali vogliono dire, non già che non si abbiano a confessare i peccati in segreto e privatamente, ma solo che non è necessario farlo pubblicamente e alla presenza di testimonj. Questo senso affatto ovvio del passo riportato si farà più manifesto a chi leggerà tutto il discorso, dal quale è preso.

Se il Grisostomo avesse creduto, che non fosse indispensabile la confessione fatta al sacerdote, perchè avrebbe egli adoperato tutte le forze, tutte le risorse della sua grande eloquenza in tante delle sue omelie per eccitare i fedeli alla confessione? Perciocchè veramente in cento altri luoghi egli dice espressamente che bisogna confessarsi al ministro di Dio; come nell'Omelia sulla Samaritana, dove si trovano queste parole: «Chi ha vergogna e non vuole confessare i suoi peccati all'uomo... nel giorno del giudizio sarà accusato, non davanti ad una o due persone, ma davanti al cospetto di tutto il mondo». E se altri volesse divertirsi a leggere altri passi simili dello stesso, quanti gliene potrei indicare!

L'altro passo del Grisostomo citato dall'articolista, contro la confessione segreta, è il seguente:

«... Io non ti dico che tu porti in pompa i tuoi peccati in pubblico; nè che vada ad accusarli ad altrui (intendete preti!), ma confessali presso al tuo Dio, se non colla lingua, almeno colla memoria» (Om. 31).

Con questa indicazione, «Omelia 31», nè il Sig. E. P. nè nessuno sarebbe capace di trovarlo questo passo; onde, per comodo di chi amasse di leggerlo nel testo, aggiungiamo che questa 31ª Omelia deve essere cercata fra quelle sulla lettera agli Ebrei. Nell'edizione di Venezia sopra citata questo passo si trova nel tomo XII alla pagina 289 alla lettera D, e fa parte delle considerazioni sul versetto del salmo 6, «Laverò tutte le notti il mio letto (col pianto); il luogo del mio riposo irrigherò colle mie lagrime;» considerazioni nelle quali il santo vuol far conoscere, quanto buona ed util cosa sia il ricordarsi sempre del peccato commesso; perchè, come egli dice, nulla giova tanto ad emendarsi del delitto quanto il ricordarsi sempre di averlo commesso; a quel modo che il salmo dimostra □aver fatto il re penitente, a cui la continua memoria del peccato rinnovava sempre il dolore di averlo commesso e la risoluzione di astenersene in avvenire. Onde esorta i suoi uditori a fare altrettanto; e dice loro: adesso non vi parlo nè di confessione pubblica, nè di confessione segreta; vi parlo di un'altra cosa, vi parlo dei molti beni che produce la memoria dei peccati. E quindi termina il suo discorso così, traducendo le sue parole alla lettera: «Queste cose siano scolpite negli animi nostri. So che troppo è grave all'anima tanto acerba memoria; ma sforziamola e, se occorre, usiamole violenza». E da ciò si vede, quanto fuor di proposito sia stato addotto il passo in discorso, e si raccomandi ai preti che vogliono intendere. La raccomandazione di intendere è più giusto che sia fatta a chi, lasciati indietro tutti i luoghi dove il Grisostomo dice netto e tondo che bisogna confessarsi al sacerdote, ne tira fuori di quelli che non hanno nessuna relazione con questo argomento.

Dopo quelli del Grisostomo viene un passo di S. Ilario.

S. Ilario dice: «Non bisogna confessarsi a nessun altro che a Dio» (Ila. p. s. L. I). — La indicazione va corretta così: Hila. in ps. LI.

Ama il lettore di avere sotto gli occhi intero tutto il passo di S. Ilario, da cui sono state strappate, traducendole male, e quindi cambiandone il senso, le parole surriferite? È l'interpretazione del versetto quinto del salmo 6 «E nell'inferno chi mai ti confesserà». Ed è questo, traducendolo alla lettera: «Ed aggiunse il motivo della confessione dicendo: perchè hai fatto: avere cioè confessato il Signore, perchè autore di questo universo, insegnando non dover l'uomo confessare nessun altro se non quello che ha fatto l'uliva fruttifera ecc.». Cosa vuol dire qui, come altrove nei salmi, la parola confessare? Certo, come dice S. Giovanni Grisostomo, niente altro che rendere grazie, adorare, pregare, ecc. Chi la prendesse in un altro senso mostrerebbe di avere poco giudizio, e si metterebbe in condizione di non poter trovare il senso dei passo recato. Nè di altri consimili, come delle parole dette da G. C.: «Se uno mi confesserà davanti agli uomini, anch'io lo confesserò davanti al Padre mio», e del nome di confessori che la Chiesa dà a quelli, che sono morti per la fede.

S. Ilario dunque non ha protestato, non dico nel 550, ma neanche 183 anni prima, quando era ancor vivo, contro la confessione auricolare. Ha protestato piuttosto contro quelli che la impugnano e la calunniano. Esponendo il testo di S. Matteo, che dice: «Quelle cose che legherete sulla terra ecc.» così lo commenta. «A incutere un terrore atto a tenerci in freno, ci pose innanzi l'inevitabilità del rigore del giudizio apostolico, sicchè quelli che fossero legati qui in terra, cioè lasciati stretti dai nodi del peccato, e quelli che ne fossero sciolti, cioè accolti colla confessione nella salute del perdano, questi secondo la condizione dell'apostolica sentenza, anche in cielo sciolti fossero o legati».

Da ultimo vengono le parole di S. Ambrogio.

S. Ambrogio dice: «Pietro si pentì, pianse: imperciocchè peccò come uomo: ma non trovo scritto che esso dicesse alcuna cosa; trovo che pianse, leggo le di lui lagrime, ma non la sua confessione» (Lib. X, Evang. S. Luca).

Sig. E. P., vi confesso che nessun cristiano, per quanto cattolico e romano, non è mai stato d'un parere diverso da quello di S. Ambrogio; non ha mai dubitato □che per S. Pietro, quando ancora non era stato istituito il sacramento della penitenza ed ordinata la confessione, non abbia dovuto bastare, per ottenere il perdono dell'aver negato G. C. nella casa di Caifa, il pianto e la contrizione; poichè non dubita, che tale sia anche adesso la virtù della contrizione, che rimetta i peccati, anche prima che siano confessati. Come vedremo più sotto quando parleremo del concilio di Trento.

Quanto poi alla confessione, nella chiesa già stabilita e ordinata, volete sapere come la pensava S. Ambrogio? Leggete i suoi libri della penitenza. Per esempio al capo 6 del libro 2, dove è scritto: «Se vuoi essere giustificato, confessa il tuo delitto: perciocchè l'umile confessione dei peccati scioglie il legame delle colpe». E al capo 10, e altrove. Soprattutto sentite che cosa narri di lui il suo discepolo S. Padino, nella vita che ne ha scritto. «Ogni qualvolta alcuno, a fine di ricevere la penitenza, gli confessava le sue colpe, il santo vescovo piangeva così profondamente, che il penitente egli stesso, alla vista di quelle lagrime, dava in un dirotto pianto. Pareva al buon padre di essere caduto coi caduti. Ma le cause dei peccati, che quelli confessano, non le diceva a nessuno, se non a Dio solo, presso il quale intercedeva, lasciando un buon esempio ai sacerdoti».

«Ma troppo si andrebbe a lungo: basta che il lettore sappia che la confessione all'orecchio del prete posta in uso in Spagna, fu abolita e condannata nel terzo concilio di Toledo tenuto l'anno 590 (Vedi XI canone di questo concilio).

Cosa ne dicono i teologi papisti di questo canone? saprebbero smentirlo? È vero che un tale... ci ebbe la sfrontatezza di negare che nel 1439 in Firenze abbia avuto luogo il concilio di papa Eugenio IV, ma dice: io non □credo che abbia avuto luogo la battaglia della Meloria perchè non c'ero in quei tempi: cosa diremo di lui? meno imposture e più logica. Ma per ora si prosegua la nostra storia.»

Qui il sig. E. P. fa una sfida a quelli che chiama teologi papisti. Poi parla di un tale, che non nomina; e a proposito del medesimo tira fuori anche la battaglia della Meloria. Siccome non so con chi l'abbia, nè perchè, nè come c'entri la Meloria, così passo oltre. Confesso però che ho ammirato assai l'espressione che segue: «meno imposture e più logica». E m'è venuto in mente di domandare al sig. E. P., che sa distinguere così bene gli impostori e quelli che non hanno logica, come chiamerebbe uno che travisasse i testi, che inventasse i fatti, che citasse in appoggio di un asserto una autorità che provasse il contrario, che confondesse le date, che adducesse in testimonianza di un fatto delle persone morte molto tempo prima del fatto medesimo, che si appellasse a libri che non ha mai veduto, e scritti in lingue da lui ignorate, che ad ogni passo si contradicesse in modo flagrante e grossolano?

Ma torniamo al nostro argomento. Nella Spagna, tanto quanto nelle altre parti della Chiesa, nè più nè meno, era sempre stata in uso, fino dai tempi primitivi, la confessione tanto privata quanto pubblica. L'abbiamo toccato con mano. Sia: ma ad ogni modo il «terzo concilio di Toledo ha abolito e condannato la confessione all'orecchio del prete»: e questo nel suo «XI canone». Asserzione falsa anche questa. Il terzo concilio di Toledo, che ha avuto luogo nel 589 e non nel 590, come è portato nell'articolo che esaminiamo, nel suo capitolo XI (e non canone come erroneamente dice lo stesso articolo) non tocca, non nomina neanche la confessione segreta, e la lascia stare come era: si occupa soltanto della disciplina riguardante la penitenza da eseguirsi pubblicamente, prima della riammissione alla chiesa, da chi aveva commesso una di quelle colpe che importavano la esclusione dalla comunione dei fedeli, come sopra abbiamo esposto. Si lamenta che i canoni antichi (come si trovano compendiati anche nei capitoli di S. Martino Bracarense di venti anni prima non siano eseguiti col necessario rigore; e ne ordina la osservanza puntuale. Insomma il concilio toletano non fa, nè più nè meno, che quello che avevano fatto prima altri concilii, come il barcellonese del 540, il cui canone VIII è somigliantissimo all'undecimo capitolo del toletano, e soprattutto quello più celebre di Elvira del 313.

E giacchè il signor E. P. ha voluto far menzione del concilio toletano, voglio anche fargli osservare, che quel concilio offre un nuovo argomento della falsità del suo asserto prediletto, della solita ragione della istituzione della confessione pubblica, cioè della ragione delle sette, come dice in principio. Questa ragione delle sette il concilio toletano, e così tutti gli altri, non se la sogna neanche; esso non si preoccupa d'altro che della moralità e del miglioramento dei fedeli. Di fatti il capitolo sopradetto si chiude così: «Chi durante il tempo della penitenza avrà dato prova di emendarsi sia riammesso alla comunione. Quelli poi che ricadono nei vizi di prima, sia durante il tempo della penitenza, sia in seguito, siano condannati secondo le severità dei canoni antichi.»

«Carlo Magno oltre d'essere un gran politico voleva essere un gran teologo, fece radunare dei concilii che spinti dal loro padrone ordinarono la confessione auricolare ma volontaria e senza assoluzioni. (Concilio di Chalons, anno 813, e quello di Tours. Bibliot., Patr., tom. X).»

Non parlo di Carlo Magno, nè della pressione che il nostro articolista asserisce, che ha esercitato sopra i concilii da lui fatti adunare. Andremmo troppo per le lunghe. E poi il nostro discorso non ne ha bisogno per riuscire, il più che si desideri, chiaro e stringente. Le sue asserzioni l'articolista le fonda sui concilii di Tours e di Chalons (chè in quest'ordine sono disposti nel Labbeo) dell'anno 813. Ora io gli rispondo, che questi concilii lo smentiscono; e provano una volta di più le cose da noi affermate. Il concilio di Tours, nel canone 22 (è l'unico che tratti della penitenza), per togliere l'inconveniente che i confessori non seguissero tutti le medesime regole nell'assegnare ai penitenti le pubbliche opere espiatorie, stabilisce, che convenga fissare, quale fra gli antichi libri penitenziali si debba prender per norma. Dov'è qui che si ordina la confessione segreta? Solo vi si allude, in quanto doveva essere premessa da quelli che avevano da ricevere una pubblica penitenza. Ma che è questo, se non una conferma di ciò, che abbiamo sempre detto, che nella chiesa antica c'è sempre stata la penitenza pubblica per alcuni peccati gravissimi, e che questa era preceduta dalla penitenza e dalla confessione segreta? Difatti qui il concilio insiste sull'adottare uno degli antichi libri penitenziali. Per una cosa nuova i libri antichi penitenziali non potevano servire di regola, ma solo di condanna.

Lo stesso dicasi del concilio di Chalons. Nel canone 25, dietro la considerazione che in molti luoghi non era mantenuto l'antico ordine della penitenza pubblica, dispone perchè sia dappertutto ristabilito. E nel canone 32 e seguenti, passando all'altra parte della penitenza, alla confessione in genere, mette in avvertenza di ciò, che non era secondo l'insegnamento, l'uso, lo spirito della chiesa. «Osservammo aver bisogno di essere emendato quello, ecc., così comincia il canone 32. Onde prescrive nel can. 34 e nel 38 che nelle faccende della penitenza si debba in □tutto regolarsi secondo i canoni, la sacra scrittura e la consuetudine ecclesiastica. E per ottenere che le cose si facessero rettamente, ordina che i sacerdoti leggano, meditino, insegnino le disposizioni di tutti i concilii (conc. 37); insomma sempre le cose antiche. Questi canoni adunque, anzichè contenere una ordinazione nuova, sono al contrario anch'essi una prova eloquentissima, che la confessione in tutti i tempi è stata considerata come di istituzione, che risale allo stesso principio della chiesa. Vi è qualche cosa di nuovo? Questi lo condannano. Vi è qualche cosa di antico? Lo ricordano e lo richiamano in vigore.

Ora che cosa diremo di ciò che ha scritto il sig. E. P., che fu «ordinata» la confessione ma «volontaria»? Fu ordinata? Dunque non potè più essere volontaria. Restò volontaria? Dunque non fu ordinata. Il vero si è, che non fu ordinata (come abbiamo veduto), perchè era già in vigore ab immemorabili; che però era ritenuta, non già volontaria, ma indispensabile, per ottenere il perdono dei peccati. Tanto indispensabile, che nel canone 32 del detto concilio di Chalons si insiste sulla necessità, che i peccati gravi siano confessati tutti, nessuno eccettuato.

— Sì: ma in questo tempo non si sapeva ancor nulla di assoluzione. Almeno questa deve essere stata introdotta dopo. Sopra nell'articolo, è detto che l'assoluzione fu introdotta nella Spagna nel 550: qui, che non si conosceva ancora nell'813. Bella coerenza!

Non si conosceva l'assoluzione nell'813? Mi contenterò di riferire un passo di Alcuino (morto nell'anno 804), dell'uomo il più colto del suo tempo, maestro dello stesso Carlo Magno, i cui scritti godevano di una immensa autorità. Dice Alcuino nella lettera CXII, dopo aver parlato del battesimo: «Perchè nel secondo battesimo della penitenza, per mezzo dell'umile confessione, non dobbiamo del pari pel ministero sacerdotale essere □assolti da tutti i peccati commessi dopo il battesimo?» E nella stessa lettera, per provare la necessità della confessione da farsi al sacerdote, dopo aver parlato del potere di legare e sciogliere dato da G. C. ai sacerdoti, soggiunge: «Che cosa scioglie la potestà sacerdotale se non considera i ceppi di chi è legato?» E finisce col dire: «se i peccati non sono da manifestarsi ai sacerdoti, perchè nel Sacramentario sono scritte le orazioni della riconciliazione?».

Dopo ciò domando al lettore, se s'ha da dire che dai contemporanei dei concilii di Chalons e di Tours si considerava la confessione come «volontaria», come un mero decreto disciplinare e senza che vi fosse l'assoluzione?

Noi non comprendiamo! un concilio abolisce la confessione in Spagna; — parla del concilio di Toledo del 589, che invece, come sopra abbiamo veduto, ne ha ristabilito da disciplina, secondo gli antichi canoni — altri due la ordinano, ma non obbligatoria; — i concilii di Chalons e di Tours, che non l'ordinarono, come abbiamo appena mostrato, ma ne parlano come di cosa vecchia vecchissima, necessaria necessarissima — un altro, non solo la ordina, come vedremo, ma dice: non potete esser salvi senza la confessione; — intende parlare del concilio di Trento che, come vedremo, non dice questo; e dice soltanto quello che hanno detto tutti gli altri — ma dunque qualcuno di questi concilii ha errato? — nessuno di essi ha errato, perchè tutti insegnano quello che c'è nel catechismo, e tutti sono perfettissimamente d'accordo — ma baje! sono infallibili come i papi: non è vero, o teologi romani?!?...

Qui non parlerò di infallibilità, nè di papi nè di concilii; perchè è anche troppo quello, che mi tocca di scrivere della confessione. Avverto solo il pubblico, che per moltissimi è facile trovare o rendere ridicola questa infallibilità, perchè non sanno che cosa sia; e pensano buonamente i furbi, che chi lo crede sia disposto ad ammettere siccome □vero indubitabilmente tutto ciò che venga in mente ad un papa, ad un concilio di proferire.

Solo domanderò conto, a questo sfidatore di teologi romani, della espressione «sono infallibili» parlando dei summentovati concilii. Voi dunque rinfacciate ai teologi romani la dottrina, che tutti i concilii senza distinzione siano infallibili. I teologi romani invece credono, che siano infallibili soltanto i concilii ecumenici, vale a dine quelli nei quali è rappresentata la totalità della chiesa insieme al suo capo. Fuori di questo caso, no. Un concilio di una o più diocesi, di una o più provincie (come quelli ricordati di sopra di Toledo, di Chalons e di Tours) non sono ritenuti infallibili. E voi non lo sapete? Se non lo sapete, ignorate una cosa elementarissima in una scienza, della quale vi date l'aria di essere conoscentissimo, tanto da poter confondere qualunque più esperto. E in questo caso come vi dovrei qualificare? Se invece lo sapete, e fingete di non saperlo, allora ditemi un poco, con qual nome vi chiamerà un galantuomo?

«Per altri quattro secoli la confessione restò addormentata.»

Anche questo siete capace di dire, signor E. P.? Questo, che è smentito in tutti si può dire gli atti, i concilii, gli scrittori dei quattro secoli indicati!

Lettori, le prove ve le potrei addurre a centinaja. Ne recherò solo alcune, perchè mi serviranno anche per le induzioni successive.

Pel secolo X. Dai capitoli dell'Abate Reginone (morto nel 915) c. 105 lib. I delle disc. eccl.. «Quando il sacerdote sente che si ammala qualcheduno del suo popolo, non indugi ad andare a trovarlo, ed entrato... faccia uscir tutti dalla stanza; ed avvicinatosi al letto, in cui giace l'infermo, lo inviti, usando parole di carità, e di ☐dolcezza, a confessare i suoi peccati e a promettere di emendarsi, se il Signore gli concederà di vivere». E dal n. 65 del secondo libro, dove si vuole che si interroghino i laici, «se si accostano alla confessione almeno una volta all'anno (nel 900 un bel pezzo prima di Innocenzo III)». E dai canoni di Edgaro re d'Inghilterra (anno 967), canone I della Confessione «Quando alcuno vorrà confessarsi de' suoi peccati, si faccia animo, e non abbia vergogna di confessare le sue colpe, accusando se stesso... perchè senza confessione non vi è perdono» (oh! nel 967 si credeva che senza confessione non c'era perdono. Non l'ha dunque inventato il concilio di Trento, seicento anni dopo, come dice il nostro articolista).

Pel secolo XI. Dal sermone 58 del cardinale S. Pier Damiani, morto nel 1080, nel quale si parla a luogo della confessione, «senza la quale, come ivi è detto, nessuno viene al padre:» si ammonisce il sacerdote di non rivelare «ciò che ha ricevuto sotto il sigillo della confessione,» e si conchiude con queste parole: «Ecco che ho dissertato per quanto ho potuto del sacramento della confessione». (Signor E. P., tenete bene a mente: sacramento della confessione nel 1073, quasi quattro secoli prima del concilio di Firenze). Dalla VI meditazione di S. Anselmo cantuariense, morto nel 1109: «Il fonte della pietà ai peccatori aprì i sacramenti della confessione santa, onde si allevia ogni peso di peccato; perchè nella vera confessione si monda ogni macchia di colpa».

Pel secolo XII. Dal libro 5 lett. 16 del cardinale Goffredo Abbate Vindocinese, morto nel 1132, dove ☐si dichiara che «secondo la fede cristiana... è certo e nulla di ciò è più certo, che per tutti i peccati e le colpe occorre la confessione e la penitenza». (Secondo la fede cristiana è come dire, dogma; dunque si parla di dogma almeno quattro secoli prima del concilio di Trento). Qui poi ricordo al lettore, che Pietro Lombardo, di cui abbiamo riportato le sentenze in principio di queste osservazioni, appartiene a questo medesimo secolo.

Ma di ciò basti. La bugia è così spaccata, che non c'è neanche gusto a smentirla. Andiamo dunque innanzi.

«... Quando per maledizione del genere umano lo Spirito Santo fece — espressione di poco buon gusto anche per chi non sia cristiano — eleggere papa Innocenzo III»

Innocenzo III un infame! Quelli che vogliono comprendere l'ingiustizia e la stoltezza di questo epiteto, leggano Müller, Wilken e Raumer, che non sono cattolici, e quindi non sospetti di parzialità; e specialmente leggano i tre

volumi della vita di lui del ministro protestante, presidente del concistoro di
Sciaffusa, Federico Hurter, che dopo venti anni di studi pubblicò quel
lavoro, accolto in Europa con immenso favore, in cui abbattè tutte le accuse
accumulate sul capo di Innocenzo III dalla ignoranza e dalle passioni
politiche e religiose, e dimostrò ad evidenza, che è stato l'uomo il più
grande, il più dotto, il più nobile, il più umano del suo tempo. Vuol dire
questo, che siano da ritenersi siccome giuste le sue idee sulla supremazia,
sulla ingerenza politica della chiesa, considerate in astratto, fuori di quei
tempi, di quelle circostanze, nelle quali, essendo già un ☐fatto sorto
naturalmente e provvidenzialmente per la superiorità morale di Roma
cristiana sulle popolazioni semibarbare del medioevo, possono essere state
fatte valere per grandi scopi morali, e averli, come è fuori di dubbio, anche
raggiunti? Vuol dire questo, che sia da lodarsi il principio della persecuzione
degli eretici, nella quale non si può negare che abbia, se anche meno degli
altri, avuto parte Innocenzo III? No certamente. La teoria che considera lo
stato una dipendenza della chiesa è assurda, è in contraddizione coi principii
naturali, su cui si fondano i diritti e i doveri dell'uomo come cittadino: la
persecuzione degli eretici è una iniquità da aborrirsi. E ciò precisamente
secondo lo spirito dell'insegnamento cristiano. Ma questo spirito, che c'è
stato sempre nel fondo della coscienza di chi lo professava, che sempre ha
dato segno di esserci, anche nello stesso Innocenzo III, che in ciò pure
molto ai contemporanei va innanzi, non ha potuto, vincendo il troppo
radicato pregiudizio pagano, il troppo prepotente istinto di popolazioni
ancor barbare, che lo tenevano soffocato, affermarsi distintamente nella
coscienza dei popoli dal cristianesimo inciviliti, se non assai tardi. Lo stesso
si verifica di molti altri principî della civiltà. Chiusi come in un germe nelle
dottrine religiose di Cristo e della Chiesa, occorse un lungo lavoro di
riflessioni, di prove, di applicazioni, perchè si spiegassero e si stabilissero
nella intelligenza e nelle abitudini di tutti. Prima che questo lavoro si fosse
compiuto, (e si compì tardi per tutti, anche pei non cattolici) è stoltezza
condannare gli uomini, perchè mostrarono di non averne avuto una piena,
una perfetta notizia e persuasione. Così, p. e., in un altro ordine di cose,
adesso tutti comprendono quanto sia ridicolo il principio fisico che la
natura abbia orrore al vuoto: tuttavia a ragione si stimerebbe pazzo chi
dicesse, che Galileo in fisica era un ignorante, perchè parlava sul serio di
questo orrore della natura pel vuoto. Ma torniamo alla confessione. ☐«...
radunò il quarto concilio lateranese nell'anno 1215 e pubblicò — vuol dire il
concilio — un decreto nel quale ordina la confessione all'orecchio del prete
almeno una volta all'anno.»
Fin dalle prime nostre osservazioni, e più nel seguito è risultato
evidentissimamente, che la confessione segreta nella chiesa c'è sempre stata;
che vi fu sempre usata, raccomandata, dichiarata necessaria. Poco sopra da
un passo di Reginone abbiamo anche rilevato quanto, anche trecento armi

prima del concilio quarto lateranese, importasse alla chiesa, che i fedeli si confessassero almeno una volta all'anno. Onde la falsità di ciò che significano le addotte parole, non ha più bisogno di essere dimostrata, Passiamo dunque alle altre.

«Contemporaneamente stabilì il tribunale della santa inquisizione coll'obbligo di denunziare al confessore tutti quelli che fossero in odore di eresia.»

Il concilio lateranese quarto insiste sulla ricerca da farsi degli eretici, e sulla punizione da infliggersi ai medesimi (perdite degli uffici pubblici, e del diritto di possedere e di testare), in presenza delle terribili commozioni religioso-sociali del mezzodì della Francia; non introducendo però una cosa nuova, ma ritornando su idee e ordini molto più antichi, e che p. e. troverebbe tali e quali chi leggesse il concilio toletano terzo del 589, citato sopra dal nostro articolista, nel quale il capitolo sedicesimo tratta appunto della inquisizione. E su ciò il tempo ha portato il suo severo giudizio. E questo stesso giudizio è anche per me, che pur mi professo cattolico, e sono un prete, la mia fede. Ma che il concilio lateranese quarto abbia imposto «d'obbligo di denunciare al confessore tutti quelli che fossero in odore di eresia,» no, questo è falso. Chi l'asserisce è un mentitore. Non c'è, a passare in esame parola per parola, nè nei canoni del detto concilio, nè nei decreti e nelle lettere che, nella raccolta del Labbeo, citata dall'articolista, lo □precedono e lo seguono. Quello che affermo del concilio lateranese quarto, lo dico anche del tolosano del 1229, al quale sotto pare che si apponga la stessa taccia. Eppure sentite, che cosa ha coraggio di soggiungere il sig. E. P.!

«E non ci smentite, o signori, perciocchè noi grideremo sempre al popolo ingannato.»

Bravo! Non si può negare che abbiate una faccia franca. Siete voi che ingannate, spudoratamente ingannate, e poi gridiate all'inganno.

«Aprite la storia dei concilii (autore Labbé) nel tomo undecimo, nella parte prima, alla pagina 430...»

Queste indicazioni, senza il luogo e la data dell'edizione, non contano nulla. Di fatti le edizioni del Labbeo, che ho potuto trovale qui a Mantova, una nella biblioteca del seminario di Parigi del 1714, e un'altra nella biblioteca pubblica, Venezia 1730, portano il concilio in discorso, la prima nel tomo VII col. 173 e seg., la seconda nel tomo XIII, col. 1237 e seg. Quale edizione cita dunque il nostro articolista, e dove si trova?

«... troverete un decreto del concilio di Tolosa tenuto nel 1229 il quale estende il precetto di Innocenzo III — doveva dire dei concilio di Laterano — ed ordina non più la confessione una ma tre volte all'anno per potere distruggere efficacemente l'eresia. Or che ne dite, o lettori!»

Diciamo che, se col dire semplicemente ai cristiani — dovete confessarvi tre volte l'anno — senza aggiungere, come voi a torto lasciate credere, di dovere accusare nella confessione gli eretici, credeva il concilio di Tolosa di poter distruggere l'eresia, in ciò non ha fatto niente di male. Diciamo inoltre che il provvedimento, d'altronde non nuovo, del concilio di Tolosa (che non è ecumenico come il lateranese) fu affatto temporaneo e ☐locale, e nessuno s'è mai sognato, nè allora nè poi, di credere, che nella chiesa in genere ci fosse l'obbligo di confessarsi più che una volta all'anno. Ecco quello che diciamo.

Se questa orridezza consiste nell'uso della confessione, siccome nella chiesa cattolico-romana c'è sempre stato, tale quale, logicamente conchiudendo, la religione dei papi sarebbe sempre stata orrida come oggi.

Ma la confessione è tutt'altro che una cosa orrida. Uomini rispettabilissimi appartenenti alle diverse comunioni non cattoliche di Germania, d'Inghilterra e di altri paesi l'hanno apprezzata, l'hanno lodata, l'hanno raccomandata, si sono adoperati per introdurla tra' propri correligionari. L'ha commendata perfino Voltaire, che dice ne' suoi Trattenimenti filosofici: «I nemici della chiesa romana, che si sono levati contro una istituzione così salutare (la confessione auricolare) sembrano avere tolto agli uomini il più grande dei freni che si possano mettere ai loro delitti; i sapienti stessi dell'antichità ne sentirono l'importanza».

«... la confessione era un puro decreto disciplinare, mai un sacramento, anzi neppure vi era l'assoluzione.»

Cosa meramente disciplinare è sempre stata la confessione pubblica, la quale perciò ha potuto andare e andò in disuso, in oriente prima, in occidente più tardi, nel decorso del secolo undecimo.

Non già la confessione segreta. Questa è sempre stata ritenuta, è sempre stata dichiarata, l'abbiamo dimostrato a sazietà, necessaria per ottenere il perdono di tutti i peccati gravi, anche solo di pensiero, commessi dopo il battesimo.

Erano già dodici secoli che si riconosceva questa sua necessità, quando il concilio di Laterano ne ha fatto un decreto. Ma il decreto non può averne cambiata la natura; non l'ha che constatata e riconosciuta. Condannando p. e. la legge il furto, con ciò essa non lo ☐tuisce un delitto. Delitto era anche prima che fosse condannato. La legge non fa che riconoscerlo come tale.

Onde anche il dire che la confessione non fu «mai un sacramento» in sè è una sciocchezza, perchè i cristiani hanno sempre considerato sacramento un atto sensibile, pel quale si ottenga la grazia; e per loro esser perdonati i peccati e aver la grazia sono cose che vanno insieme. È poi anche una menzogna. Perchè la confessione fu sempre ritenuta siccome una parte essenziale della penitenza, ossia di uno di quelli che si chiamano, e sempre sono stati chiamati, i sette sacramenti. Perchè troviamo che gli scrittori ecclesiastici (p. e. Alcuino e S. Pier Damiani citati sopra) la chiamano espressamente un sacramento. Perchè anche negli antichi Sacramentari, ossia nei libri che contengono le orazioni e i riti per l'amministrazione dei sacramenti, c'è anche la parte, che si riferisce alla confessione. E io mi ricordo di averne letto uno di questi sacramentarj, nel tomo 138 della Patrologia del Migne. In questo sono riportate tutte le orazioni da recitarsi dal penitente e dal confessore nel principio nel corso, nel fine della confessione: sono diffusissimamente suggerite al confessore le domande, che deve fare a chi si confessa, riguardanti i peccati tanto esterni quanto interni, il loro numero, la specie, le circostanze; sono indicati i consigli da dare, gli atti soddisfattorii da imporre, infine anche la formola dell'assoluzione.

Anche la formola dell'assoluzione. E questo sacramentario, di cui parlo, è tratto da un codice anteriore al 1000, e sarà stato certamente copiato da un altro, Dio sa quanto, più antico. E il nostro articolista dice, senza la menoma titubanza, che non ci fu assoluzione fino al 1439!

Se credessi che il sig. E. P. sapesse solo l'abbicì ☐ di queste cose, gli vorrei parlare così. Tutti quelli che hanno creduto alla confessione, e furono tutti i fedeli cominciando dal principio della chiesa; tutti quelli che hanno lasciato scritto di credervi (ne abbiamo citati alcuni, e a citarli tutti ci vorrebbero dei volumi), fondano la loro fede sulle parole di G. C. riferite nel Vangelo di S. Giovanni «Saranno rimessi i peccati a quelli ai quali voi li rimetterete, saranno ritenuti a quelli ai quali Voi li riterrete»; corrispondenti alle altre riferite da S. Matteo «Ciò che avrete legato sulla terra sarà legato anche in cielo, e ciò che avrete sciolto sulla terra sarà sciolto anche in cielo». Il canone stesso del concilio di Laterano, che prescrive la confessione una volta all'anno, vi fa allusione parlando del caso nel quale un sacerdote non può «solvere vel ligare», Vengono cioè tutti a dire: Qual'è la ragione per cui il peccatore deve svelare al sacerdote il proprio peccato? Affinchè possa questi essere in grado di giudicare, se abbia da pronunciare o meno la sentenza del perdono. Questa sentenza del perdono, ossia l'assoluzione, è l'unica ragione del confessarsi. Ora voi, dicendo che c'era la confessione senza l'assoluzione, ponete l'effetto e negate la sua causa. E dite d'esser logico e logico solo voi?

«Però lo Spirito Santo pensò di far eleggere dai santissimi Cardinali: papa Eugenio IV, e questo nel concilio di Firenze del 1439 fece proclamare la confessione un sacramento istituito da G. C.!!»

Di che si è occupato questo concilio? Si è occupato della riunione alla chiesa romana dei greci e degli altri orientali, che ne erano da lungo tempo divisi. Vi si discussero i punti controversi. Ciò in che si era d'accordo ☐ si lasciò da parte. Della confessione, perchè quanto ad essa non c'era nessuna divergenza di opinioni, non si questionò punto. Nell'Atto di unione della chiesa latina colla greca già scismatica si espresse la fede vera circa lo Spirito Santo, l'autorità del papa, il purgatorio, il pane dell'eucaristia; perchè questi erano i punti intorno ai quali prima si dissentiva. Della confessione nemmeno una parola. Si sapeva che la fede relativamente a quella non aveva mai cessato di essere la medesima pei greci e pei latini. Lo stesso deve dirsi delle trattative, degli accordi e degli atti d'unione che ebbero luogo, come in appendice ai primi, colle minori comunità orientali dei Giacobiti, degli Etiopi, ecc. Quando però si venne a trattare cogli Armeni si riconobbe che, quantunque benissimo disposti a tornare nel grembo della chiesa universale, non avevano cognizioni abbastanza chiare ed esatte intorno alle cose da credersi. Che cosa si è pensato allora di fare? Si è pensato di redigere una esposizione compendiata di tutti gli articoli della fede cristiana, valendosi per questo dei libri stessi, che si adoperavano nelle scuole teologiche.

Naturalmente in questa esposizione è contenuta l'antichissima dottrina cattolica dei sacramenti, e tra questi della penitenza, e in relazione alla penitenza della confessione. Ma qui, come è chiaro anche ad un cieco, la confessione è introdotta come il battesimo, come la trinità, come l'esistenza dì Dio, come tutte le altre parti della dottrina cristiana. Uno che dicesse: in questo atto d'unione degli Armeni, sancito nel concilio di Firenze, si parla della confessione, come parte del sacramento della penitenza, dunque il concilio l'inventa; seguitando colla medesima logica, dovrebbe dire anche, che lo stesso concilio ha inventato la trinità, l'incarnazione, il battesimo, ecc. Se il signor articolista andrà a vedere questo atto per gli Armeni nel Labbeo, che sempre cita senza mai averlo avuto in mano, troverà che nel margine dello ☐stesso è indicato, essere stata la parte dei sacramenti presa di pianta dall'opuscolo De sacramentis di S. Tommaso d'Aquino, morto nel 1274; e si persuaderà della verità di quanto dobbiamo fargli conoscere, per convincerlo che inganna il pubblico, mentre si vanta di volergli far cadere la benda dagli occhi.

«Fatalmente il famoso e gran concilio di Trento completa la confessione dichiarandola dogma di fede!»

A qualunque dei lettori che rammenti anche solo in confuso e nel loro senso generale le cose dette, deve apparire falsa questa asserzione. Quelli poi che hanno buona memoria ricorderanno pure quei fatti, quelle testimonianze da noi addotte, che la smentiscono espressamente.

A me poi, se questo discorso non fosse già troppo lungo, e non fosse affatto inutile al nostro intento, sarebbe facilissimo fare una distinta enumerazione delle cose, asserite nei canoni del concilio di Trento sulla confessione, e riscontrarle, una per una, coi più antichi insegnamenti ed usi della chiesa; e dimostrare per tal modo, come si corrispondano a cappello, e sia una minchioneria il crederle inventate di fresco. Questo concilio ha inteso soltanto di contrapporre, mettendola bene in chiaro a scanso di equivoci, a ciascuno degli errori dei novatori, la dottrina che nella chiesa è stata professata «da per tutto, sempre, da tutti».

Ma a che? Lo stesso articolista nella riga antecedente si imbroglia da sè, affermando che il concilio di Firenze «fece proclamare la confessione un sacramento istituito da G.C.». Qui abbiamo anche più del bisogno. Non esamino quello che scrive, ma lo prendo in parola. E dico: Voi ci assicurate che il concilio di Firenze, che è ecumenico, ha proclamato la confessione un «sacramento» anzi un «sacramento istituito da G. C.». Se il concilio □l'ha proclamato, il cattolico è obbligato a crederlo tale, ossia a considerarlo di fede o, che è lo stesso, un dogma. Non è vero? O credete voi, che la parola dogma voglia dire qualche altra cosa? Sarei curioso di saperlo. Intanto vi posso assicurare di due cose. Primo, che se voi pensate che in qualche parte del concilio di Trento ci siano queste precise parole: «La confessione è un dogma di fede», in ciò vi sbagliate. Secondo, che dire che una dottrina è di fede, e dire che è un dogma è precisamente la stessa cosa. Onde voi stesso senza accorgervene, tanto siete profondo nella materia, vi siete così perfettamente smentito, che non si poteva di più.

... e chi volontariamente morisse senza confessarsi, è condannato eternamente all'inferno.

Ma dite, o teologi romani, tutti quelli che morirono prima del vostro concilio sono all'inferno? se no, perchè dobbiamo andarvi noi? forse perchè lo dite Voi? e via! è troppo grossolana!»

Perchè l'interrogazione: «Tutti quelli che morirono prima del vostro concilio sono all'inferno?» abbia un senso, è necessario supporre, e che innanzi al concilio di Trento nessuno mai si sia confessato (e non occorre di mostrare quanto ciò sia lontano dal vero), e che giusta il medesimo nessuno, che non si confessi, si possa salvare; e anche questo è perfettamente falso. Oltrechè è in contraddizione colla antecedente, pure erronea proposizione, secondo la quale la dannazione sarebbe solo per chi tralasciasse volontariamente di confessarsi.

Dunque, sig. E. P., di qui non si può scappare. O prima del vostro concilio sono all'inferno?» abbia un ha senso, o lasciate che vi si dica, che avete posto due cose, proprio l'una dietro l'altra, che fanno ai pugni; e che basta che scriviate due righe, perchè subito vi contraddiciate. È vero, che, tanto nell'un caso quanto nell'altro, non potete salvare la vostra rinomanza di gran logico: ma io non so che farci.

Non parlo poi della domanda che segue: «Se no, □perchè dobbiamo andarci noi?» la quale non ha nessun ragionevole legame, nè col l'argomento in genere, nè colle parole precedenti. Farò invece una osservazione sull'altra: «Forse perchè lo dite Voi?». Questi Voi saranno i soliti teologi romani. Ora io dico che una simile interrogazione derisoria, quando mai, assai più ragionevolmente potrebbe essere diretta ai teologi non romani, ai dissidenti. Per questo, che essi fondano le proprie asserzioni sul criterio loro individuale. Qui sì che il Voi sarebbe, mi pare, adoperato a tempo. Non già a proposito dei teologi romani, i quali, come voi altri ne fate loro rimprovero, professano altamente che, se ammettono una cosa, lo fanno non perchè l'abbiano cavata dalla loro immaginazione, da un loro capriccio di dare a un passo staccato della Bibbia un significato piuttosto che un altro, ma solo perchè, tenendo il conto dovuto anche della tradizione costante della chiesa, che è la prova come a dire sperimentale della verità dell'interpretazione biblica astratta e soggettiva, ritengono che sia stata insegnata veramente da G. C. e dagli Apostoli.

Conchiudo quindi, che le cose «troppo grossolane», a voler esser giusti, non siamo mica noi che le diciamo.

«Preghiamo caldamente il lettore a riflettere sopra questo articolo, verificare le annotazioni e vedere se chi scrive dice la verità...»

E qui si soggiungono, non so capire il perchè, altre cose estranee affatto al presente argomento della confessione, che noi, come abbiamo avvertito fin dal principio, siamo costretti a lasciar fuori, perchè nell'Appendice non ci sta più altro. L'articolo poi finisce così:

«Dunque vi potete figurare quale sorpresa ci fece il sentire Voi a calunniarci! ma continuate pure, noi continueremo ad anatomizzare e dica pure chi sentesi capace □a smentire le nostre asserzioni, e noi non avremo paura. E tutto questo sia detto fra noi senza adirarsi!»

Non si può negare che la conclusione non sia degna dell'articolo. Noi (teologi romani, impostori e senza logica) siamo tanto perversi, che non possiamo stare, se non calunniamo il povero sig. E. P. Ma egli non ha paura, fidente nella sua scienza, nella sua erudizione, nella sua logica, nella sua lealtà, superiore ad ogni eccezione. Anzi ci sfida e ci provoca. E sicuro, che nessuno di noi avrà l'ardire di muoversi e di affrontarsi con un suo pari, si rivolge trionfante al lettore, e lo invita: a riflettere sull'articolo, a verificare le annotazioni, a vedere se dice la verità».

Ma ahimè, signor Pettoello! Vi hanno preso in parola. Hanno riflettuto sull'articolo, e si sono accorti che è pieno zeppo di idee confuse ed erronee, di asserzioni insussistenti e contradditorie. Hanno verificato le annotazioni, coma voi le chiamate, e hanno trovato che sono, o false di pianta, o atte solo a provare il contrario. Ed hanno conchiuso che, come avete ragionato male e li ingannate col più grande sangue freddo del mondo in un incontro, così è possibile, anzi molto verosimile, che li inganniate anche negli altri; sicchè non sia necessario, per aver tutta la ragione di negarvi fede, di rifare sempre l'esame lungo e faticoso, che questa volta ci siamo compiaciuti di fare.

In queste osservazioni, come il lettore avrà veduto, io mi sono occupato unicamente delle precise parole dell'articolo sulla confessione inserito nel N. 181 della Favilla. Dichiaro che qualunque scritto in proposito di esse, che non trattasse, allo stesso modo, precisamente delle cose che vi asserisco, e divagasse invece su altre che vi avessero solo più o meno relazione, lo considererò di nessun valore, e ne farò lo stesso conto, come se non esistesse.

IL PRETE PROFESSORE ARDIGÒ E LA CONFESSIONE

Un signore che si firma, prete professore Ardigò, pubblicò qui in Mantova alcune cose, che a lui parve dover chiamare osservazioni sopra un articoletto sulla confessione inserito nel numero 181 del nostro giornale, e firmato E. P. Noi volevamo subito rispondere al prete professore, ma riconoscendo la nostra insufficienza in materie teologiche, pensammo consultare un vecchio teologo romano che da 32 anni a questa parte insegna teologia, storia ecclesiastica ed antichità cristiane, al quale (siccome è lontano da Mantova) mandammo il nostro articolo e le osservazioni del prete professore, acciò ei dicesse ingenuamente la sua opinione. Ricevuta appena la risposta, la pubblichiamo acciò i nostri lettori giudichino da qual parte stia la ragione.

Prima però di riportare la risposta che ci manda il nostro teologo, avvertiamo il sig. prete professore, a non essere così liberale nel darci la immeritata patente di impostori, come ci si assicura ch'egli abbia fatto in presenza de' suoi scolari, negando l'esistenza e le disposizioni del diritto canonico contro quelli che la chiesa romana chiama eretici e scomunicati; e specialmente la disposizione di papa Urbano II . Se egli ignora, pazienza, ma non perciò ha diritto di chiamare impostore chi sa una cosa che egli non sa. Legga il sig. professore il testo canonico, e nella seconda parte del Decreto, causa 23, questione 5, capo 47, ☐troverà tutto intero il decreto di Urbano II a Godofredo vescovo di Lucca, nel quale dice, che coloro che uccidono gli scomunicati non sono rei di omicidio, e solo sia loro imposta una leggera penitenza, nel caso che la loro intenzione fosse stata meno retta. Legga il capo 32 della 2a parte del Decreto, causa 23, questione 5 e vedrà l'ordine che il Diritto Canonico dà a tutti di uccidere gli eretici, come opera

39

meritoria.

Ora noi diciamo: o il signor prete professore conosce il diritto canonico e sa questi decreti e li nega, ed allora gli impostori non siamo noi; o non li sa, e perchè non li sa li nega; ed allora smetta di fare polemiche.

Ciò premesso, ecco quanto ci risponde il vecchio teologo nostro amico.

Stimatissimo Sig. E. P.

La moltitudine delle mie occupazioni non mi permette in questo momento di occuparmi ex professo di una risposta alle osservazioni del sig. professore Ardigò. Per far ciò dovrei riscontrare nelle buone edizioni dei padri i passi da lui citati, e forse dovrei dimostrare che alcuni sono falsati, altri alterati nella traduzione, tutti male applicati. Io non ho ora il tempo per fare cotali confronti; e quand'anche lo avessi sarebbe inutile; perchè dovrei scrivere un libro, e voi volete solo materia per un breve articolo.

Mi duole vedere un uomo che si dice prete e professore mostrare tanta ignoranza o malafede, in una polemica così semplice: e prendere occasione dalla sua malafede per insultarvi. Queste sono arti che possono sopportarsi in un giuocoliere da bettola, ma che sono detestabili in un galantuomo. Voi nel vostro articolo parlate della confessione quale essa è adesso nella chiesa romana; e perciò dite che essa (come è ora) fu ordinata da Innocenzo III, poscia proclamata sacramento da Papa Eugenio IV, e finalmente fatta domma di fede nel concilio di Trento: ma il vostro contradditore che fa? imitando l'arte del barattiere, vi parla della confessione in generale, e vi fa vedere che essa è sempre stata nella chiesa. Grazie, signor prete professore! La confessione ha esistito dacchè ha esistito il peccato. Ma era la confessione al prete per ricevere da lui l'assoluzione? No davvero: quindi tutti quei suoi argomenti sono basati sopra un equivoco malizioso: scoperto il quale cadono tutti.

E qui per la mia età, e per il lungo esercizio della mia professione teologica mi credo in diritto, anzi in dovere, di dare una lezioncina di storia e di antichità ecclesiastica sulla confessione, al prete professore; perchè mi sembra ne abbia bisogno; tanto più che questa lezioncina servirà per spiegare ragionevolmente tutti i passi dei padri che i teologi ignoranti, o di malafede, citano per provare l'antica esistenza della confessione auricolare, e dimostrare che non era della confessione attuale che essi parlavano. I padri sono citati dai protestanti e dai cattolici pro e contro la confessione auricolare: bisogna dunque dire che i padri sono in contraddizione con loro stessi; ed allora cosa proverebbe la loro autorità? O bisogna cercare (non fosse altro per rispetto verso i padri) nella storia e nell'antichità il mezzo di conciliarli ragionevolmente; locchè non è difficile, ed ecco il come.

Nella primitiva chiesa vi erano varj modi di fare la confessione, ai quali modi fanno allusione i padri. Nel salmo 32 secondo il testo ebraico, e 31 secondo la volgata, David dice; «Io ho detto: io confesserò le mie trasgressioni al Signore; e tu hai rimesso l'iniquità del mio peccato». S.

Giovanni nella sua prima lettera cap. I, v. 9 dice: «Se confessiamo i nostri peccati, egli è fedele e giusto, per rimetterci i peccati e purgarci di ogni iniquità». Egli è chiaro che qui non si parla nè di confessione auricolare, nè di assoluzione del prete: ma della confessione a Dio. I padri volevano con ragione istruire il popolo in questa confessione a Dio, unicamente necessaria: e per ciò leggiamo in S. Giovanni Grisostomo nella 20 omelia □sulla Genesi queste parole: «Chi ha commesso un qualche peccato si affretti a confessarlo, ed a mostrare la sua piaga al medico, e da lui ricevere il rimedio: parli solo a lui senza che nessuno lo sappia, e gli dica tutto fedelmente, e sarà facilmente perdonato». Fin qui i teologi citano S. Giovanni Grisostomo per far vedere che egli parla della confessione auricolare, e con insigne malafede tralasciano questo che segue, cioè: «Lamec non ebbe difficoltà alcuna di confessare il peccato alle sue mogli; come saremo noi degni di essere perdonati, se ricusiamo di confessare il nostro peccato a colui che già gli conosce tutti?» Non è dunque della confessione al prete, ma della confessione a Dio che parla il Grisostomo. Nello stesso tempo parta nella Omelia 3 sopra S. Matteo, nella Omelia 4 sulla Genesi, nella Omelia 31 sul capo 12 agli ebrei, nel sermone della penitenza e della confessione, nel sermone 4 in Lazaro e nella Omelia 5 sulla natura di Dio.

Una seconda maniera di confessione, raccomandata dalla Scrittura e dai Padri, è la confessione fraterna, della quale parla G. C. al capo XVII di S. Luca v. 3, 4. Questa confessione è così importante che G. C. dice (Matt. V, 23, 24) di lasciare l'offerta davanti all'altare e di riconciliarsi col fratello prima di offrirla: e al capo VI, v. 14 dice che se noi non rimettiamo i peccati ai nostri fratelli, Dio non ci rimetterà i nostri; e S. Giacomo al capo V, v. 16 dice che dobbiamo confessarci scambievolmente. I dottori volevano far conoscere la importanza di questa scambievole confessione: e così hanno parlato della confessione che l'uomo fa all'uomo; non al prete per averne l'assoluzione, ma al fratello che egli ha offeso. In questo senso parla S. Agostino nel trattato 56 sopra S. Giovanni, Beda sulla lettera ai Colossesi, e Teofilatto nel capo XVIII di S. Matteo. Ma i teologi confessionalisti mutilano quei passi, li tolgono dal contesto, per far dire ai santi padri quello che essi non hanno mai pensato di dire.

Un terzo genere di confessione di cui parlano i padri, □è quando un peccatore corretto da un servo di Dio, o compunto per una predica, esortazione, o altro si umilia e confessa davanti a Natan, la peccatrice del Vangelo davanti al Signore, i giudei di Efeso davanti a Paolo (atti XIX). I padri parlano di questa confessione, la lodano, e fan bene; ma i teologi confessionalisti, mutilando i passi di quei padri, fan credere che i padri parlino dei loro confessionali. S. Basilio nel libro delle regole brevi, alla regola 258 dice: «Sembra necessario confessare i peccati a coloro, cui è stata confidata la dispensazione dei misteri di Dio: così negli antichi tempi troviamo che i penitenti confessavano i loro peccati a' santi imperocchè è scritto nel Vangelo che si confessavano a Giovanni, e negli atti, che si confessavano agli apostoli, e poi erano battezzati». Non è dunque questione di confessione auricolare, ma di confessione pubblica, di confessione che precedeva il battesimo.

Quando per misure disciplinari furono nella chiesa stabilite le penitenze canoniche, s'è posta in uso una specie di confessione pubblica, che con greco vocabolo fu chiamata esomològesi. Coloro che avevano co' loro peccati scandolezzata la Chiesa, dovevano confessarli, e ricevere la penitenza assegnata dai canoni a quei peccati. La esomologesi si faceva dal peccatore o volontariamente, quando egli vi era spinto dal sentimento del suo peccato: o obbligato dalla chiesa, sotto pena di escluderlo dalla comunione dei fedeli, se ricusava di rendere quella soddisfazione alla fratellanza. I teologi confessionalisti si sono impadroniti dei passi dei padri che comandavano una tale confessione, e mutilandoli, e mal traducendoli, li applicano al loro confessionale. Nel senso di questa esomologesi parla S. Ireneo nel libro I al capo 9, ove parla di certe donne sedotte da un tal Marco eretico, che confessarono il loro peccato nelle raunanze; in questo senso parlano Tertulliano, Eusebio nel libro 5 capo 18 parlando della confessione di un certo Natale caduto nella eresia. La disciplina di questa esomologesi fu spinta tant'oltre che alcuni ☐ si accusavano della intenzione avuta di commettere un peccato grave, sebbene non lo avessero commesso. In questo senso parla S. Cipriano nel 2 sermone sui caduti; ed i teologi confessionalisti, staccando quel passo dal contesto, fanno credere che S. Cipriano ordinasse la confessione al prete dei peccati anche più occulti.

Un quinto genere di confessione era in uso nella antica chiesa, conseguenza del precedente, ed era: che quando qualcuno aveva commesso un qualche peccato grave occulto, per eccesso di fervore, andava a confessarlo pubblicamente nella raunanza. Allora accadeva che esso da molti era burlato e da altri era preso in cattivo concetto. I padri mettendo molta importanza a cotali confessioni spontanee, e non volendo esporre i penitenti alle baje, trovarono un mezzo da essi giudicato prudente; che cioè il penitente prima di confessare il suo peccato al pubblico, lo confessasse ad uno dei fratelli provetti, nel quale avesse fiducia, per sentire da lui se conveniva o no confessare quel peccato in pubblico. In questo senso parla Origene sul salmo 37: ed i teologi confessionalisti, mutilando quel passo, fanno credere che Origene parlasse della confessione auricolare attuale.

Però questa pubblica confessione, anche così modificata, non durò molto; i peccatori non volevano che i loro peccati fossero conosciuti dal pubblico. Ma la penitenza era stimata una disciplina necessaria. Come fare dunque? I vescovi e i preti inventarono un temperamento, che fu poi la luce della confessione auricolare. Essi dissero che a vece della confessione pubblica del peccatore bastava che esso dichiarasse al prete i suoi peccati, il quale conoscendo le penitenze canoniche, le imponeva secondo il peccato: ed il prete o vescovo avrebbe dichiarato alla chiesa, che quel tale era un peccatore convertito, senza specificare i suoi peccati. Questa disciplina si osservava anche nella chiesa romana, come dice Sozomeno, citato senza capir come dal prete professore. Ma lo stesso Sozomeno nel libro 9 capo 35 dice, che i vescovi del □mezzogiorno d'Italia vollero rimettere in uso l'antica disciplina della pubblica confessione. Allora Leone I vescovo di Roma fece quella lettera a que' vescovi, citata dal nostro prete professore come una decretale. Non abbiamo il tempo di consultare il Baronio, da cui egli dice averla tradotta; ma noi la tradurremo dal diritto canonico (Decr. p. 2, caus. 33, quest. 3 de poenit. q. 2, dict. 1, cap. 89) e vedremo che la citazione del nostro prete professore è mutilata. «Sebbene quella pienezza di fede sembri essere lodevole, la quale per il timore di Dio non tema dover arrossire davanti agli uomini; pure deve rimuoversi una così riprovevole consuetudine (tam improbabilis counsuetudo) perchè i peccati di tutti non sono tali, che quelli che domandano la penitenza, si vergognino che siano pubblicati: quindi tale caso deve essere rimosso, affinchè molti non sieno allontanati dai rimedii che porge la penitenza, vergognandosi o temendo di manifestare ai loro nemici quelle loro azioni, che potrebbero essere punite dalla legge. Imperocchè basta quella confessione che si fa prima a Dio, poi anche al sacerdote». Fin qui cita il prete professore, e mette in maiuscolo l'ultima frase: ma ecco come continua S. Leone: «il quale (sacerdote) riunisce a pregare pei peccati del penitente». I lettori giudicheranno se la verità e la buona fede sta dalla parte vostra o da quella del prete professore. Ma io dimenticava che voi dovete rispondere in un articolo del giornale. Terminerò col dire al prete professore, che quando vuol citare i padri li deve citare in buona fede, senza mozzare le citazioni, le quali non devono esser tratte dai corsi dei teologi confessionalisti, ma dal loro originale; che deve aversi riguardo allo scopo che i padri si proponevano nello scritto che si cita, ed avere riguardo alla disciplina ed agli usi della chiesa dei loro tempi. Citando i padri a questo modo, egli non potrà giammai coi padri provare che la confessione è un sacramento istituito da Cristo; che essa è assolutamente necessaria a salvezza, che è necessario dire al prete tutti i peccati nel numero, nella specie e nelle circostanze, e ricevere da lui l'assoluzione giudiziaria che giustifichi davanti a Dio.

Il nostro prete professore cita S. Pier Damiani, Anselmo cantuariense, e Pietro Lombardo per provare che la confessione auricolare è un sacramento: ma anche qui si mostra uomo o ignorante o in malafede. Perchè di fatti non dice che l'autore della gerarchia attribuita a Dionigi l'Areopagita, chiama sagramento l'unzione che si faceva sui cadaveri? Perchè non dice che S. Agostino nel 2 libro contro questo dice che il segno di croce che si fa sui catecumeni prima di battezzarli è un sagramento? Nel libro 2 della remission dei peccati dice che è un sagramento il pane benedetto che si faceva mangiare ai catecumeni prima di battezzarli. Nel libro 4 del simbolo chiama sagramenti gli esorcismi, le preghiere, i cantici, e tutte le cerimonie che si praticano sui catecumeni. S. Bernardo sostiene ex professo che la lavanda dei piedi è un sagramento. Sia di buona fede il signor prete professore.

In quanto poi al maestro delle sentenze, ed altri scolastici da lui citati, noi diciamo che alcuni di essi hanno creduto la confessione un sagramento, altri lo hanno negato, altri ne hanno dubitato. E questo fatto prova che fino agli scolastici, cioè al sec. XII nulla vi era di certo. S. Bonaventura per es. dice chiaramente che la confessione non è stata istituita da G. C. S. Tommaso parla in enimma, e non si può capire cosa voglia dire. Scoto dice che la confessione non si trova nel Vangelo; e così potrei citare molti altri dottori contrarj a Pietro Lombardo.

Conchiudo col dire che io mi faceva altra idea del clero mantovano; ma quando vedo un prete professore così ignorante o di mala fede, mi dico: cosa dovranno essere gli scolari?

Mi creda suo devotiss.

Firenze, 30 luglio 1867.

Luigi De Sanctis

Abbiamo voluto pubblicare per intero la lettera scritta in fretta, come egli stesso ci dice, dal nostro vecchio teologo che abbiamo consultato. Con questo diciamo al sig. Professore Ardigò, che la nostra polemica con lui è finita. Abbiamo questa volta risposto, non per dare soddisfazione al signor Ardigò: bensì per mostrare ai nostri lettori che noi non cerchiamo ingannarli, ma additare loro la via della verità.

E. P.

CALUNNIE

Togliamo dall'Eco della Verità, giornale dell'Illustre Desanctis:
Ci scrivono da Mantova che un cotal prete professore Ardigò si fa lecito in pubblica scuola calunniarci davanti a' suoi discepoli. Ci si assicura che abbia detto: «In Roma la casa del signor Luigi Desanctis era una casa... egli bazzicava tutte le donne, e finalmente Sua Santità pensò bene scacciarlo vergognosamente da Roma».
Ogni pazienza ha il suo limite: abbiamo sofferto per venti anni le calunnie degli sciocchi; 1. perchè sicuri mila nostra coscienza ce ne ridevamo; 2. perchè conosciutissimi in Roma sapevamo che cotali calunnie ricadevano sopra i calunniatori; 3. perchè se scacciati da Roma come discoli, avremmo dovuto continuare con più libertà nella vita irregolare; eppure in venti anni, nessuno ha osato accusarci di immoralità. Ma ora non siamo più disposti a sopportare cotali calunnie.
Nel 1865 nel nostro libro intitolato Roma papale, pag. 249, rispondemmo così al P. Perrone che ci calunniava: «Sappia il P. Perrone che non ho risposto perchè non lo curo e perchè le sue ingiurie mi onorano: chi mi conosce in Roma e fuori sa che sono calunniato. Del resto □ho nelle mani più di cento documenti originali per ricacciare in gola al gesuita le sue calunnie: documenti che mostrano quale è sempre stata la mia condotta in Roma».
In quanto alla prima calunnia del prete Ardigò, sappia il poco reverendo calunniatore, che il sig. Luigi Desanctis ha sempre abitato una casa religiosa di stretta clausura: quindi se essa era una casa... la calunnia ricadrebbe su quei santi religiosi, che ancora la abitano, che pure sono amici del sig. Ardigò.
Se la condotta del Desanctis fosse stata immorale, come per più di dieci anni, fino al giorno di sua partenza, è stato onorato dal cardinal Patrizi

vicario del Papa delle missioni le più delicate? Si può dire che non vi è stato monastero di monache in Roma, comprese le cappuccine e le sepolte vive, nel quale egli non sia stato mandato dal cardinal Patrizi come predicatore di quaresimali, di avventi, di esercizi spirituali, di prediche domenicali, ecc., non sia stato mandato come confessore ordinario o straordinario, ecc. Quando Pio IX, nel dicembre 1846, ordinò le missioni in Roma, il Desanctis fu uno dei principali predicatori. Nel 1847 fu destinato dal cardinale Patrizi a dare gli esercizi spirituali a' militari, a dare i catechismi in una delle principali chiese di Roma, a predicare la quaresima ad uno de' principali monasteri di monache. Domandiamo al prete calunniatore: si danno cotali incombenze ad un prete immorale, la cui casa è...?

Risponderà forse che la di lui immoralità non era conosciuta; ma quando fu conosciuta fu scacciato da Roma. Ma se la sua casa era... se egli bazzicava tutte le donne, come non era conosciuto? Egli fu cacciato da Roma? Ma egli conserva ancora il suo passaporto libero firmato dal cardinale Ferretti allora segretario di Stato: ha la lettera commendatizia del cardinal vicario, rilasciatagli sulla sua domanda di assentarsi per alcuni giorni da Roma, nella quale è detto (apra bene le orecchie, prete Ardigò): Te voti compotem facientes (veda che la commendatizia è rilasciata sulla mia domanda di partire, è un permesso ☐accordato, non un'espulsione vergognosa) locorum Ordinariis, ad quos declinare contigerit, maximopere commendamus (veda quanto è vero che fui vergognosamente scacciato!), ut Te benigne excipiant, ad Sacrum peragendum admittant, in cunctis faveant ac tueantur.

Il Desanctis partì da Roma il 12 settembre 1847; giunto in Ancona si presentò a quel Vescovo e senza nessuna osservazione, ottenne immediatamente il celebret, del quale però non si servì, ma lo ha. Se tutto ciò non bastasse, il Desanctis ha una lettera di tre pagine, tutta scritta di proprio pugno dal Cardinal Ferretti, Segretario di Stato, in data 22 ottobre 1847, cioè 40 giorni dopo che era partito da Roma, nella quale quel Cardinale lo chiama mio caro De Sanctis, e dopo una calorosa esortazione a tornare a Roma (e voi dite che ne era stato vergognosamente scacciato!), dice: «Io le scrivo ispirato dal Padre comune dei Fedeli, dal nostro Angelo di Dio in terra, dal suo e mio Pio IX, e non ho mai più volontieri ubbidito ai suoi comandi che in questa occasione, in cui mi ha ordinato d'invitarla a ritornare subito e con coraggio tra le sue braccia... dia anche a me, al Cardinal Patrizi, alla Parrocchia a Roma la grande consolazione (è il Cardinale che sottolinea) di un favorevole riscontro che io smanio a questo mio foglio. Se le occorrono mezzi non ha che a presentarsi al console pontificio di Malta ecc. L'abbraccio, alzo gli occhi al cielo, prego, sospiro e spero. Suo di cuore

L'affezionatissimo

Gabriele Card. Ferretti.»

Si scrive così da un cardinale segretario di Stato ad un pretaccio immorale scacciato vergognosamente da Roma? A voi forse il Cardinale Antonelli non scriverebbe così. Ricordatevi, signor prete professore, che il calunniatore è un vile, un infame: e questo per ora vi basti.

RISPOSTA DEL PRETE PROFESSORE R ARDIGÒ

Nella prelazione dell'opuscolo sulla Confessione del sig. Luigi De Sanctis, colla data di Malta 1851, si leggono queste parole: «Nella estimazione degli uomini probi, le ingiurie fanno torto soltanto a chi le proferisce. Le ingiurie non sono mai state ragioni, anzi sono il segno che il torto è dalla parte di colui che si appiglia a sì vile sostegno per non sembrare vinto».

Queste parole, tanto dimenticate da chi le ha scritte, queste belle parole soltanto rispondo e risponderò sempre alle invettive, agli oltraggi, alle false accuse dirette a sconcertarmi e intimorirmi. Si vedrà che non resterò nè sconcertato nè intimorito per siffatte ignobili arti. Non farò scandali; questo no. Ma do parola agli amici ed ai nemici, che non tralascerò di dire, quando occorre, ciò che ho da dire; nemmeno colla certezza che ci sarà poi chi avrà la vile sfacciataggine di mettermi in bocca, pe' suoi fini, delle parole che non ho mai pronunciato. Ma basti di questo argomento e veniamo alla nostra polemica.

Il signor Pettoello, che sfidava tutti quanti i teologi romani, con un piglio da far paura, al primo avversario che gli si è presentato, si è visto perduto; e venne nella savia determinazione di dichiararsi insufficiente in materie teologiche.

Gli venne in ajuto un vecchio teologo, che da 32 anni a questa parte insegna teologia, storia ecclesiastica ed antichità cristiane, cioè il sig. Luigi De Sanctis, direttore del giornale di Firenze l'Eco della Verità. Al quale quanto doveva esser facile il castigare il temerario prete di provincia, che non è neanche teologo, e il liberare □il povero articolo pettoelliano dia quelle Osservazioni, che lo tengono schiacciato col loro peso!

Ma pare, che il sig, De Sanctis si sia avveduto che l'articolo del suo pupillo non è difendibile in nessuna parte, in nessuna riga. Fatto sta che l'ha abbandonato al suo destino. La sua difesa non è una difesa diretta. Le mie

Osservazioni le lascia stare tutte, dalla prima fino all'ultima: e non le tocca nemmeno. Solo indirettamente cerca di nuocere alle stesse; studiandosi di sviarne l'attenzione dei lettori; di tirarla sopra un altro campo, e quivi di colorire le cose in modo, da far credere ai poco avveduti, che io sia un ignorante, un uomo di mala fede, capace di qualunque più malizioso inganno, e quindi non meritevole mai, che si dia peso alle mie ragioni, per quanto apparentemente vere e fondate.

Il campo dunque è restato tutto mio, e ho da fare con un avversario che combatte fuggendo. Potrai lasciarlo andare: anche secondo ciò che aveva detto nella fine delle mie Osservazioni. Ma poichè il campione che si è presentato è il sig. Luigi De Sanctis, autore di molti conosciutissimi opuscoli contro i cattolici, direttore di un giornale protestante, luminare maggiore dei nuovi credenti d'Italia, non voglio perdere l'occasione di far conoscere a' miei concittadini, a quale meschinità si riduca molte volte una grandezza creata dalla passione e dal partito. Risponderò, e questa e ogni altra volta, che piacesse al signor De Sanctis aver briga con me per cose religiose.

A quelli che non trovano bello che portiamo le questioni teologiche sui giornali, diremo che non siamo stati noi i primi a farlo, e che quello che è permesso agli altri, per offenderci, deve essere permesso anche a noi, per difenderci. A quelli che vorrebbero le questioni trattate più filosoficamente, diremo che siamo pronti a farlo quando occorrerà. Adesso le facciamo erudite, perchè crediamo che i fatti non si provino con delle chiacchiere. Quelli che trovano che le citazioni sono il pregio maggiore degli ☐articoli degli avversarii, perchè non le potranno soffrire nei nostri?

Esaminiamo dunque la lettera del sig. De Sanctis in difesa del sig. E. P., inserita nel N. 217 del 4 agosto 1867, della Favilla.

In essa, circa alla metà, è citato il capo 35 del libro 9 della storia ecclesiastica di Sozomeno, per un fatto correlativo alla decretale di Leone I, che è dell'anno 459. Ora sappiano i lettori, che il libro 9, ultimo della storia di Sozomeno, non ha che 17 capi; e che quindi il capo 35, citato dal signor De Sanctis, non esiste. Sappiamo inoltre che la storia medesima finisce un trentacinque anni almeno prima dell'epoca, per la quale lo stesso signore ne invoca la testimonianza.

Dopo ciò domando ai lettori. Vi pare che sia poco questo per un vecchio teologo, che da 32 anni a questa parte insegna teologia, storia ecclesiastica ed antichità cristiane; e che si compiace di regalare agli altri i titoli di ignoranti, di uomini di mala fede, di barattieri e di giuocolieri da bettola? Che direbbe il signor De Sanctis di me, se in qualche mio scritto scoprisse degli spropositi come questi che ha stampato lui?

Più avanti sono rimproverato di cavare le citazioni dei Padri dai corsi dei teologi confessionalisti, e di non prenderle dal loro originale, in buone edizioni. Tutte le citazioni dei Padri che si trovano nelle mie Osservazioni, tutte, nessuna eccettuata, le ho tolte, non dai corsi dei teologi, ma dagli originali. In prova di questo, a ciascuna ho apposto, oltre il titolo del libro da cui è tratta, anche il luogo e l'anno della edizione, e la pagina o colonna secondo il caso, e perfino la lettera majuscola, che nei formati grandi indica la divisione delle pagine. Dirò di più. La massima parte di queste citazioni si riferisce alla Patrologia del Migne, che è stata stampata da poco tempo, e quindi non può essere ricordata nei corsi teologici, che sono tutti più antichi di questa edizione. Io cito una raccolta, che è la ristampa più completa che esista delle migliori edizioni conosciute di tutti i Padri, nella loro interezza, e il signor De Sanctis mi fa quel rimprovero? Che non se ne sia accorto? Che abbia creduto che la denominazione Patrologia del Migne significasse una qualche antologia o raccoltina di passi di padri, ad un uso speciale, ad uso per esempio dei teologi confessionalisti, come egli li chiama? Sarebbe troppo per un vecchio insegnante di storia ecclesiastica e di antichità cristiane.

Ma il più bello si è che dà agli altri, che non ne hanno bisogno, i consigli che egli poi non segue per sè: anche trattandosi di casi, nei quali il più semplice buon senso non permette di fare diversamente. Come dove, per mostrare che io falso, altero e mutilo i passi dei padri, e li applico male, riporta la decretale sopra menzionata di S. Leone dal Corpus Iuris; da un libro cioè, nel quale per l'indole sua stessa i passi quasi sempre sono inseriti in sunto e smozzicati. Come? Uno che da lungo tempo esercita la professione teologica non ha alla mano, per riferire un testo di un padre, e per fondarvi sopra delle gravi accuse contro un avversario, se non il Corpus Iuris? Questa è la cosa più amena che io abbia mai sentito. In questo caso il signor teologo doveva almeno avere la prudenza di non istituire il confronto colla mia citazione.

Io ho citato la decretale di S. Leone dal Baronio, perchè ero sicuro del fatto mio, avendola prima confrontata coll'originale. La mia citazione poi nè è falsata, nè può dirsi mutilata. Mutilata e falsata è piuttosto quella del signor De Sanctis. La cosa è tanto chiara, che non avrà bisogno di un lungo discorso, per esser capita anche dai più tardi. Mutilare un passo vuol dire toglierne le parole che gli danno un senso non conforme alla idea di chi lo riporta. Ora io domando. Le parole che seguono la mia citazione che nell'originale sono queste: qui pro delictis poenitentium precator accedit, impediscono esse, ☐ che il passo provi quello che io voleva provare, cioè che la decretale di S. Leone, invece di tendere ad introdurre la confessione pubblica, mira a diminuirne l'uso e a raccomandare la confessione segreta? No, certamente; ed io che, oltre essere leale, doveva anche essere breve, tralasciandole, ho fatto una cosa ragionevole e giusta. Ond'è che tutti quelli che, avendo un po' d'intelligenza, hanno letto la lettera del signor De Sanctis, hanno dovuto fare le meraviglie che l'unica prova, che egli si era compiaciuto di addurre della mia mala fede, fosse così inconcludente.

Assai più concludente ritengo che sarò io, ritorcendogli l'accusa di falsare e di mutilare. Di falsare, perchè, oltre interpretare con poca precisione il latino non timeant pubblicare, colle parole si vergognino che siano pubblicati, ed introdurre arbitrariamente nella traduzione la proposizione, quindi tale caso deve essere rimosso, che non si trova nel testo, il che è più un alterare che un falsare, traduce poi, qui precator accedit, colle parole, il quale riunisce a pregare, mentre il verbo accedere è lontanissimo dall'avere il significato di riunire. E traduce così proprio nell'intendimento di mettere nella espressione una qualche allusione ad un'idea, che potrebbe fare per lui; ma che ad ogni modo è esclusa dalle espressioni che nell'originale, anche come è riportato nei Corpus Juris da lui citato, vengono appresso; espressioni che egli per ciò, vero mutilatore di passi, ha creduto bene di tralasciare.

Come ha tralasciato anche il periodo che precede il passo da lui ricordato; perchè quel periodo dice in sostanza, che la confessione segreta dei peccati occulti non è già una trasformazione di una confessione o esomologesi pubblica, prima in uso, come dice la lettera del nostro vecchio teologo, ma la precede storicamente (). □Da tutto questo si raccoglie che nell'unico argomento addotto in tutta la lettera dal signor De Sanctis, per mostrare che non cito i padri nel loro originale, che li falso, che li altero nella traduzione e li mutilo, si ha invece la prova più manifesta che lo stesso signor De Sanctis non cita i padri nell'originale, altera e falsa i passi nella tradizione e li mutila, affinchè possano meglio servire al suo intento.

Il signor De Sanctis mi domanda perchè non parlo nelle mie Osservazioni, dei diversi significati attribuiti alla parola Sacramento da Dionigi Areopagita, da S. Agostino, da S. Bernardo. Questa domanda mi sembra così priva di senso e fuori di luogo, che mi ha confermato in un dubbio concepito nel leggere la sua lettera: dubbio che non voglio celare ai lettori. Le idee, le notizie contenute in questa lettera sono state suggerite al vecchio teologo dalle speciali esigenze della polemica contro le mie Osservazioni, o sono invece i soliti vecchi ferri di bottega, già preparati da un pezzo, per essere adoperati tutte le volte che occorre di lavorare a danno della confessione, siano o non siano adattati al caso? Inclino ad abbracciare questo secondo supposto.

Nelle mie Osservazioni ho provato, con tutta la evidenza possibile, dalla idea stessa che annettono i cattolici alla parola Sacramento, dall'essere stata sempre computata nel novero dei sacramenti propriamente detti anche la penitenza e quindi la confessione, dal trovarsi le regole di amministrarla negli antichi sacramentari, dalle definizioni di Pietro Lombardo, identiche a quelle del catechismo, □dalle espressioni di S. Pier Damiani, che non ammettono altra interpretazione per quelli che hanno letto l'intero suo sermone 58 da cui sono tratte, dico, per tutti questi argomenti, che non patiscono eccezione, che anche prima del concilio di Firenze la confessione era creduta un sacramento, nel senso proprio della parola. E dopo tutto questo, che era più che abbastanza, perchè non restasse dubbio alcuno sulla verità della mia asserzione, viene fuori a domandarmi, perchè non ho parlato di tutti i significati della parola Sacramento; come se fossi dietro, non a correggere una riga del signor Pettoello, ma a fare un trattato ampio e completo De Sacramentis? No, no: non mi sbaglio. Tanto per riempire la lettera ci ha messo anche questo: la solita roba.

Viene poi un discorso, il quale, oltre essere ozioso come il precedente, è anche un capolavoro di logica confusionaria. È come se dicesse così: — Gli scolastici citati nelle Osservazioni non erano d'accordo tra loro sulla questione, se la confessione è un sacramento. Dunque anteriormente su ciò nulla di certo. Di fatti gli scolastici S. Bonaventura, S. Tommaso e Scoto dissentivano, non su questa, ma su altre questioni relative alla confessione. C'è senso in questo discorso? Sfido a trovarcelo.

E sono anche false le asserzioni che vi si contengono. È falso, che degli scolastici, che io ho citato, altri abbiano creduto la confessione un sacramento, altri lo abbiano negato, altri ne abbiano dubitato. Io non ho citato che due scolastici soli, Pietro Lombardo e S. Tommaso. E questi, tutti e due, hanno creduto la confessione un sacramento, precisamente come lo crediamo noi adesso. E come loro l'hanno creduto anche tutti quanti gli altri scolastici. Uno scolastico, che non credesse la confessione un sacramento, io non lo conosco. Il signor De Sanctis che dice di conoscerne diversi, perchè non ne menziona nemmeno uno? È falso che su ciò fino agli scolastici nulla vi fosse di certo. Gli scolastici dicono, che quello che insegnano è tradizione. Della quale, per non fare tanti ☐scorsi, sono una testimonianza superiore ad ogni eccezione le antichissime ancor vive credenze dei Copti, dei Giacobini, degli Armeni, identiche in questo alle romane. Si potranno trovare delle differenze nella nomenclatura, ma non nelle cose. Il signor De Sanctis direbbe più vero, se affermasse, che le dottrine più si va indietro e meno sono scolpite e fissate nelle definizioni scolastiche e nelle denominazioni scientifiche della teologia. Ma allora non sarebbe più questione di innovazioni, ma bensì di progresso e di sviluppo, che ha luogo nella religione e nella chiesa, come in tutte le cose umane. Quanto a S. Bonaventura e a Giovanni Scoto, dico che nei loro scritti () non vi è nulla che non si accordi con quanto definisce il concilio di Trento, nel canone VI della XIV sessione, che la confessione fu istituita jure divino, e che la confessione auricolare non è aliena ab institutione et mandato Christi. Circa S. Tommaso poi ripetiamo solo quanto abbiamo detto nelle Osservazioni, che il concilio di Firenze nel dichiarare la fede della confessione, si è servito delle stesse sue parole: tanto è lungi dal vero, che siano enigmatiche, come afferma il nostro vecchio teologo. Divergenze tra gli scolastici ce ne sono state, come ce ne ha anche adesso fra i teologi; ma che non decidono niente; poichè versano il più delle volte sopra quelle astruserie metafisiche, che essi avevano il vizio di voler mescolare colle dottrine positive.

Perchè al signor De Sanctis non venga la tentazione di volermi ribattere neanche una parola di ciò che qui dico, lo avverto che questi scolastici io li ho avuti fra le mani e li ho studiati più che un poco. Rifletta a questo e si regoli.

Io, secondo il De Sanctis, sono un giuocoliere da bettola, un barattiere, e fondo i miei argomenti sopra un ☐equivoco malizioso. Davvero? Perchè? Perchè, per combattere la tesi che la confessione sia stata ordinata da Innocenzo III, poscia proclamata sacramento da papa Eugenio IV, e finalmente fatta domma di fede nel concilio di Trento, che è la tesi del signor Pettoello e del suo vecchio maestro, io abbandono, dice il De Sanctis, la confessione quale è adesso nella chiesa romana, e parlo della confessione in generale.

Questo io faccio? Ma quali sono stati gli argomenti, i soli argomenti coi quali, proprio nel bel principio delle mie Osservazioni, ho annientato quella sciocca tesi? Forse degli argomenti in cui non si tratta che della confessione in generale? Oh! tutt'altro, signor De Sanctis: tutt'altro.

I miei argomenti sono stati la tradizione e l'uso delle vecchie comunità scismatiche orientali e le memorie riferite dal Lingard, che attestano la istituzione del precetto della confessione in Inghilterra all'epoca della introduzione del cristianesimo fra gli Anglosassoni. Ai quali argomenti, come per sovrappiù, ho aggiunto l'osservazione, che le dottrine di Pietro Lombardo, al suo tempo di molto anteriore al pontificato di Innocenzo III, erano così conformi alla credenza universale della chiesa, che i suoi libri erano il testo delle scuole di teologia.

Questi argomenti, e solo questi, ho creduto bene allora di addurre contro la tesi da me combattuta. Domando dunque: crede il signor De Sanctis che in questi argomenti non si tratti della confessione come è attualmente? Oh! Egli si guarderà bene dall'affermarlo. La forza della prova, presa dalla tradizione e dall'uso delle vecchie comunità scismatiche orientali, sta appunto in questo, che si sa e si può verificare quando si vuole, che la confessione attualmente e prima in vigore fra quelle, certo non introdotta ed ordinata nè da Innocenzo III nè da Eugenio IV, nè dal concilio di Trento, è quella stessa che si osserva nella chiesa romana di oggi. Il Lingard, trattando della introduzione della confessione in Inghilterra, parla della confessione come l'hanno anche adesso i cattolici. Quanto poi a Pietro Lombardo ne ho riferito dei passi; e ciascuno può, se vuole, riscontrarli col catechismo.

Dunque è falso che io confonda a bello studio le questioni, e che, quando non mi torna conto di parlare di una cosa, porti maliziosamente il discorso sopra un'altra.

Si potrebbe anzi chiedere al signor De Sanctis: Per qual ragione non ha Ella mai parlato nella sua lettera di quegli argomenti? Ha parlato di tante cose, che non importano niente; e di quegli argomenti che erano, si può dire, il nerbo delle mie Osservazioni, nemmeno una sillaba. Ah! perchè scottavano. Il valentuomo, che se n'era accorto, ha girato alla larga, e ha finto di non averli osservati. E, per colorir meglio la finzione, ha incolpato me di quel povero artifizio, e mi ha regalato quei titoli che sappiamo. Signor De Sanctis, faccia a mio modo. Li tiri indietro quei titoli; prima che venga qualcheduno a raccoglierli e a farsene un arma per offender lei, che non potrebbe, l'assicuro, in nessun modo difendersene. Neanche con quella famosa sua lezioncina sulla interpretazione dei passi dei Padri relativi alla confessione.

Dei Padri, nelle mie Osservazioni, io non aveva parlato se non incidentalmente; ne aveva parlato soltanto, perchè doveva rispondere al signor E. P., che li aveva tirati fuori. Le mie argomentazioni, nelle quali le citazioni dei Padri non entrano se non come accessorio, possono reggersi da sè, anche senza di queste. E tuttavia, affinchè il lettore perdesse di vista il forte del ragionamento, il signor De Sanctis ha cercato di trascinare il discorso sui Padri, a proposito dei quali dice di credersi in diritto, anzi in dovere di darmi una lezioncina di storia e di antichità ecclesiastica sulla confessione, sembrandogli che io ne abbia gran bisogno.

Domando scusa al vecchio teologo. Ma devo cominciare dal dichiarargli che io non ho punto bisogno di quella lezioncina. Sono quindici anni almeno che la conosco: come sono quindici anni che so che non ha nessun valore, □che è una supposizione, se volete anche ingegnosa, ma troppo apertamente contraddetta dai fatti.

Il signor De Sanctis fa qui ciò che son soliti a fare quelli che, essendo stati preti, sono passati nelle file dei nemici della chiesa, cioè stampano in brevi opuscoletti ed in articoli di giornale le obbiezioni apprese nelle scuole e sui libri di teologia, quando erano in Seminario. E le stampano senza le risposte relative, imparate nello stesso tempo. La gente che non sa nulla di queste cose, o ne sa troppo poco, leggendo quelle obbiezioni, senza le risposte, se ne impressiona, le prende per cose nuove e crede che siano un parto dell'ingegno di chi le fa stampare. E s'inganna.

Il sistema, per esempio, dei diversi generi di confessione, immaginato per aver modo di sfuggire alle argomentazioni fondate sulle testimonianze dei Padri, ed esposto nella lezioncina in discorso, fu pensato dal discepolo di Melantone, Martino Chemnitz, teologo protestante del XVI secolo, che lo espose nel suo Examen concilii tridentini, stampato a Francoforte nel 1585. Ecco le cose nuove del signor De Sanctis. E al Chemnitz hanno risposto da un pezzo, da più che due secoli e mezzo, scrittori celebri con grande sfoggio di erudizione, di scienza, di logica, di brio: e quelle risposte sono riuscite trionfali, tanto che la questione è da considerarsi finita e da non ammettere replica.

Il signor De Sanctis poi, recando compendiato il sistema chemnitziano, non è neanche in grado di adottarlo al suo caso. Per farne la prova contro di me, doveva applicarlo ai passi dei Padri che avevo citato io. Ma niente di tutto questo. Io, per esempio, aveva accennato nelle Osservazioni ad una quindicina di luoghi del Grisostomo. Di questi il De Sanctis non ne ricorda nemmeno uno. I sei passi del Grisostomo, come i molti di altri Padri che adduce, sono quelli stessi riferiti dal Chemnitz. Poteva dare una prova maggiore della sua imperizia, e di ciò che sopra ho mostrato di credere, che la materia della sua □lettera è la solita roba vecchia di bottega, che si vuole esitare come nuova e fatta apposta?

II sistema chemnitziano, prescindendo dalle prime tre maniere della confessione di cui non trattano solo i Padri antichi, ma anche nello stesso modo i predicatori e gli ascetici moderni, senza per questo contrariare la confessione auricolare al sacerdote; e parlando solo di quelle altre che avrebbero, secondo il medesimo sistema, preparato il terreno per l'uso attuale dei cattolici, è basato sopra i due falsi supposti che nella chiesa primitiva la confessione fosse considerata come cosa meramente disciplinare e che non vi fosse in uso se non la pubblica, sicchè la segreta sia una arbitraria innovazione dei tempi posteriori.

Questi supposti, come dico, sono tutti e due falsi. I padri dichiarano espressamente che la rivelazione al sacerdote dei peccati gravi, anche occulti, commessi dopo il battesimo, è, per disposizione divina, assolutamente necessaria per ottenere il perdono; tanto che, fino dai primi tempi, la confessione è da essi chiamata la seconda tavola dopo il naufragio. Lo stesso Chemnitz ha dovuto convenirne. Se non che, invece di cavarne la conseguenza di essere dalla parte del torto, è ricorso al povero spediente di sostenere che sono i padri, non lui, che si contraddicono. Proprio come se un fisico, trovando dei fatti che smentiscono una sua ipotesi, per non essere costretto ad abbandonarla, dicesse che è la natura che è in contraddizione con se stessa.

A chiarir poi falso il secondo supposto, si hanno testimonianze più del bisogno di confessioni pubbliche relativamente recenti, e di confessioni private assai più antiche di quelle. Il Chemnitz si è trovato bene imbarazzato, quando, a provare storicamente il suo sistema, fu invitato a fissare delle epoche. Ne fissava una un po' antica per la cessazione della confessione pubblica? Ecco che gli mostravano subito delle pubbliche confessioni, anche in epoche più recenti: ed egli era costretto a portare l'epoca più in qua. Ne fissava una recente? Ecco subito trovate, in contraddizione col suo sistema, confessioni segrete più antiche; e l'epoca bisognava tornare a portarla indietro. La cosa è semplice: l'ipotesi chemnitziana è un'ipotesi storica, che ha contro di sè le date. Nient'altro.

Se non fossi riuscito già troppo lungo per un'appendice di giornale, quanto mi sarebbe facile sviluppare e mettere in tutta la sua luce questo argomento! Ma a che? Quello che ho detto è più che abbastanza, mi pare, per dimostrare che valore abbiano le lezioncine del signor De Sanctis, e che lo stesso è ben lontano dall'essere riuscito nella sua difesa, condotta più colle ingiurie che colle ragioni. Le ragioni sono povere, false, inconcludenti. Le ingiurie hanno giovato soltanto a dimostrare che il torto è dalla parte di colui che si appigliò a sì vile sostegno per non sembrar vinto, per usare delle stesse sue parole.

Tutto questo il signor De Sanctis non vorrà confessarlo, poichè è contrario alla confessione: ma lo sentirà vivamente, ne sono certo, dentro di sè. E del clero di Mantova, internamente, avrà concepito una idea diversa da quella che, scrivendo, dice di averne.

Quanto poi al signor Pettoello, col quale faccio le mie congratulazioni perchè non dissimula di essersi cavata la voglia di questionare con me su questa materia, devo ricordare ancora una volta, che gli inganni contenuti nel suo articolo sulla confessione, messi a nudo dalle mie Osservazioni, restano ancora tutti, nessuno eccettuato, per quelli che intendono e sono in buona fede, a suo carico. E ci restassero solo quelli! Poichè quanti altri ne ha ammannito ai suoi poveri lettori, e prima e dopo, anche di più massicci, come quello dell'articolo sulla notte di S. Bartolomeo, nel quale a S. Pio V, morto nel 1. maggio 1572, si fanno fare tante cose dopo il 6 settembre di quell'anno, cioè quattro mesi dopo che era stato sotterrato. È certo però, che nessuno vorrà maravigliarsi che lo scolaro Pettoello faccia, per esempio, andare in processione i morti, se il maestro De Sanctis cita i capitoli che non esistono, e fa contare i fatti del 459 alle storie che finiscono la loro narrazione trentacinque anni prima.

DICHIARAZIONE AI LETTORI

Quando abbiamo risposto al prete Ardigò (v. Favilla n. 217) abbiamo dichiarato finita la polemica con lui. Ora il sig. Ardigò nel rispondere alla lettera scritta e diretta a noi dall'illustre Luigi De Sanctis nuovamente ci insulta sfidandoci alla risposta.

Non sappiamo come il signor Ardigò si sia dimenticato che pochi giorni sono per mezzo di giornali è stato denunziato all'opinione pubblica come calunniatore di un uomo di cui non solo il nome impone ma che gode la stima e l'amicizia di quanti vi hanno in Italia letterati.

Questo è il sig. Luigi De Sanctis che ricacciando in gola la calunnia al reverendo Ardigò, terminava il suo articolo nell'Eco della Verità con le seguenti parole: Ricordatevi, signor prete professore, che il calunniatore è un vile, un infame!

Domandiamo cosa restava a fare per difendersi al nostro avversario?

O accettare il titolo di vile e infame calunniatore o smentire il corrispondente dell'Eco della verità trascinandolo alla sbarra degli accusati; ma vi era una difficoltà, cioè il corrispondente poteva avere nel suo portafoglio le firme dei testimoni che dinanzi ai tribunali avessero sostenuto la calunnia del poco reverendo, perciò accettando il titolo di vile e infame calunniatore non ne parlò e rispose invece alla lettera del signor De Sanctis con sonnifere risposte degne d'un prete-professore che dall'alto della sua cattedra nega resistenza del diritto canonico, ma che però dovendolo citare lo chiama Corpus Iuris credendo poter sostenere che il diritto canonico non esiste.

Domandiamo ai lettori coscienziosi che arti siano queste? ma noi ci siamo avvezzi da un pezzo.

Crediamo che non saremo biasimati se con tali personaggi tronchiamo ogni parola.

E. P.

LETTERA DELL'ILLUSTRE DE SANCTIS

Firenze, agosto, 1867.

Pregiatissimo sig. Direttore della Favilla.

Ho letto la risposta del prete professore Ardigò, pubblicata jeri in data di Mantova. Comprendo che il suo pregiato giornale non può e non deve aprire le sue colonne per una polemica religiosa; ed è per ciò che io non la prego di questo. D'altronde la risposta del sig. Ardigò è tale, che, a mio giudizio, non merita una replica. Solo la prego voler pubblicare questa mia lettera per far conoscere la malafede del mio avversario.

Debbo dichiarare in primo luogo che il mio amico Pettoello non mi domandò di fare una risposta all'Ardigò, ma come amico mi consultò sul da farsi da lui. Io allora in tutta fretta gli scrissi quella lettera, che poi egli pubblicò nella Favilla. Io nella fretta, dimenticai forse di dirgli di non mettervi il mio nome se la pubblicava; perchè non aveva avuto neppure il tempo di rileggere quello scritto. È falso dunque che il signor Pettoello sia mio pupillo, perchè non è mai stato mio discepolo.

Il signor Ardigò con insigne malafede, prende occasione da due evidenti errori di stampa per dichiararmi falsario. Il primo di questi errori è la citazione di Sozomeno lib. 9, cap. 35, mentre doveva essere lib. 7, cap. 16. Non so se sia errore dell'amanuense o del tipografo; ma il signor Ardigò sapeva che era un errore materiale. Ora con qual fronte egli ha osato accusarmi di falsario per un errore materiale ch'egli sapeva esser tale?

L'altro errore è nel passo di S. Leone I, ove il tipografo invece di stampare si unisce, ha stampato riunisce; e con una malignità tutta sua propria, dice che ho falsificato quel passo perchè dicesse quello che io voleva. Ma basta saper leggere per vedere che quello è un errore tipografico: difatti letto quel passo come è stampato non ha senso alcuno.

Ora io domando agli uomini onesti: è egli lecito trattare da falsario un uomo per due evidenti errori di tipografia? Lo sarà nella morale di certi preti, ma non in quella degli uomini onesti.

Spero che vorrà favorirmi di inserire questa mia in un prossimo numero della Favilla. Riceva intanto i miei ringraziamenti, e mi creda con tutta stima Dev. servitore
De Sanctis.

ARTICOLO COMUNICATO

Il signor Professore Roberto Ardigò volendo soggiungere alcune osservazioni all'ultima lettera del signor Profess. De Sanctis apparsa nella Favilla, e non volendo per la brevità dello scritto farne una separata stampa, ci ha pregati a inserirlo nella Gazzetta.

Aderiamo al desiderio del signor Professore Ardigò dichiarando però che ci teniamo affatto estranei alla □polemica e non assumiamo altra responsabilità che quella imposta dalla legge.

LA REDAZIONE

Ecco la lettera.

Non sapendo più che rispondere sul tema da loro intavolato della confessione, che fanno i signori Pettoello e De Sanctis?

Il primo, perchè non sa più cosa dire, va in collera con me; ripete delle false e sciocche accuse, che io aveva disprezzato, e si sfoga chiamandomi vile ed infame.

E il secondo, ossia il signor Luigi De Sanctis? Il vecchio teologo che da 32 anni a questa parte insegna teologia, storia ecclesiastica ed antichità cristiane, l'uomo di cui non solo il nome impone rispetto ma che gode la stima e l'amicizia di quanti vi hanno in Italia letterati, letta la mia Risposta, si sente venir meno il fiato, e balbetta una scusa, nella quale è tirato in scena... Chi? Il tipografo.

Così in nome del Mutuo Soccorso, Pettoello nei suoi bisogni ricorre a De Sanctis, e De Sanctis nelle sue necessità chiama in ajuto il tipografo.

Ora delle rinnovate accuse che dirò? Dirò che tengo nel mio portafoglio una Protesta degli studenti del ginnasio, stati miei scolari nell'anno testè finito, colla quale i medesimi, tra le altre cose, si dichiarano pronti a smentire quelle accuse anche in giudizio, ogniqualvolta piacesse al prof. Ardigò invocare dalla legge... le punizioni dovute ai calunniatori.

E qui, mentre ringrazio pubblicamente i miei scolari dell'interessamento grandissimo, onde in questa occasione, come in molte altre, hanno voluto attestarmi la loro stima e benevolenza, li prego di perdonarmi, se mi sono trattenuto dall'adempiere il vivo desiderio da loro espressomi di far inserire la loro Protesta per intero sulla stessa Favilla.

Ardigò - 6 ☐ Questa, lo credano, è abbastanza umiliata dal sapere, che io non sento il bisogno di tale soddisfazione.

Che dirò poi delle colpe attribuite al tipografo? Con siffatto puerile ed

65

infelice ripiego il signor De Sanctis si è messo in una posizione troppo poco invidiabile. Egli ha dimostrato, e di non poter sostenere i suoi ragionamenti contro le mie risposte, e di non abborrire dal ricorrere, per rimediare ad una bugia, ad una bugia più grossa e più palese.

L'asserzione attribuita a Sozomeno che i vescovi del mezzogiorno d'Italia vollero rimettere in uso l'antica disciplina della pubblica confessione, come non c'è e non ci può essere nel suo libro 9 capo 35, che il signor De Sanctis dice essere numeri sbagliati dal tipografo, non ci può essere e non c'è neanche nel libro 7 capo 16, che sono i numeri che, com'egli afferma, dovevano essere stampati. Siamo sempre da capo. Prima eravamo mandati a cercare un fatto in un capitolo che non esiste: adesso siamo minchionati di nuovo, perchè siamo indirizzati ad un capitolo, dove il fatto non si trova. E dopo ciò il signor De Sanctis ha il coraggio di rimproverarmi di averlo incolpato di un errore materiale, che io sapeva esser tale? ?

Eh! signor De Sanctis, ella merita che io la confonda interamente, e che le faccia conoscere quale sia la morale di certi preti, affinchè possa essere paragonata colla sua. Sa ella, che mi accusa di mala fede, quali diligenze ho usato, per essere sicuro di avere ragione, quando ho detto di Lei, che cita i capitoli che non esistono, e fa contare i fatti del 459 alle storie che finiscono la loro narrazione trentacinque anni prima?

Visto che il capitolo 35 del libro 9 non esisteva, ho dato un'occhiata a tutti i capitoli dei nove libri della storia di Sozomeno nella bella edizione di Torino del 1747 e in altre otto o dieci edizioni, come ben sa il distributore della regia biblioteca al quale è toccato di andarmele a pescare per le sale e per gli scaffali, per vedere se in ☐qualcheduno di essi si conteneva la narrazione attribuitagli. Non la trovai, e mi accorsi che non ci poteva essere, perchè quella storia finisce un trentacinque anni prima dell'epoca relativa. Mi restavano però ancora due dubbi. Primo, che dei frammenti di Sozomeno, contenenti quella narrazione, fossero stati scoperti di fresco; e per eliminarlo ho consultato quante biografie e bibliografie recenti ho potuto. Secondo, che ci fosse sbaglio nel nome, e che, invece di Sozomeno si dovesse leggere, o Socrate, o Niceforo Callisto, o Cassiodoro; e per escluderlo ho dato una scorsa anche a quegli altri storici, come ne può far fede il giornale della detta regia biblioteca.

Ecco le diligenze da me usate per essere sicuro di quello che asseriva. Ecco che cosa fanno certi preti prima di affermare una cosa, invece di imitare il signor De Sanctis, che inventa le citazioni, pronto a darne la colpa agli stampatori, se lo trovano in bugia, e ad inventarne di nuovo delle altre, più false delle prime; senza curarsi punto del pericolo a cui espone la propria riputazione.

Sono incolpato di malignità, di una malignità tutta mia, perchè, facendo uso di quella buona vista che a Dio piacque di darmi, ho letto riunisce, come c'è nei fogli stampati e pubblicati, invece che si unisce, come il signor De

Sanctis dice, dover essere scritto nella sua lettera, che sarà, credo, chiusa e nascosta in qualche cassetto della Direzione della Favilla.

Ma col riunisce il passo non ha senso. Perchè? Perchè quando uno dice — il sacerdote riunisce a pregare pei peccati del penitente — altri può domandare — chi? — Benissimo. Ma è peggio se mettiamo si unisce; perchè allora si potrà domandare — a chi? — Col si unisce il passo ha ancor meno senso di prima.

E poi siamo sempre da capo. Come l'espressione accedit precator, non vuol dire, riunisce a pregare, così non vuol dire neanche — massime nel luogo di cui si tratta, — si unisce a pregare. L'errata-corrige non toglie la □sificazione, ma la conferma. Nella decretale di S. Leone la proposizione — qui (sacerdos) pro delictis poenitentium precator accedit — ha un senso identico a quello di un luogo di S. Pier Damiani, che dice () dovere il confessore essere religioso, ut puras manus levet ad Deum et pro peccatoribus fiducialiter intercedat.

Signor De Sanctis, torno a dirlo. Col puerile ed infelice ripiego degli errori di stampa, col pentirsi di avere scritto una lettera in difesa dell'amico compromesso, coll'inveire pazzamente contro la persona di un avversario, di cui non può confutare le ragioni, ella ha provveduto male alla sua riputazione: ha nociuto alla fama di insigne teologo, di illustre letterato, di persona venerabile, onde la onoravano quelli che non la conoscevano; e mi ha ajutato a far conoscere a' miei concittadini a quale meschinità sì riduca molte volte una grandezza creata dalla passione e dal partito.

Prof. Roberto Ardigò

(Dal N. 411, domenica 1 settembre 1867, della Gazzetta di Mantova).

LA PSICOLOGIA POSITIVA E I PROBLEMI DELLA FILOSOFIA

DIALOGO I. IL FILOSOFO E UN IGNORANTE

Ignorante — Che cosa è mai questa Psicologia positiva, questa nuova scoperta? È forse troppa la mia temerità nel farvi, Signor Filosofo, una tale domanda; ma che volete? Noi ignoranti abbiamo bisogno di essere ammaestrati, e a chi dobbiamo rivolgerci se non a chi è maestro non solo di quelli che non sanno, ma anche di color che sanno?

Filosofo — Eccomi a servirvi: sapete voi che cosa siano, sostanza, causa, legge, tre parole abusate finora da filosofi, senza conoscerne il senso?

Ignorante — Perdonate, Signor Filosofo; ma voi cominciate da cose troppo alte! E poi io sono venuto per imparare, non per dare saggio della mia bravura. Basta; risponderò così alla meglio e come mi suggerisce il mio corto ingegno. Veggo, p. es. un libro, bianco o rosso, scritto o stampato, grosso o piccolo, bello o brutto, ecc., e dico: queste sono qualità, le quali poggiano sopra un certo chè, che sottostà loro, e che io chiamo sostanza.

Filosofo — Vi sbagliate, mio caro. Ciò che chiamate □sostanza, non è che una accidentalità, è la coesistenza delle qualità enumerate, oggettivate.

Ignorante — Vorrà dire che quelle qualità stanno come accampate in aria, e la sostanza è un sogno della mia mente, una fantasima. Ho fatto fin da principio un bel guadagno e con me tutte le scienze! La causa poi mi pare che sia un certo chè, che dotato di certa forza produce un altro chè, che chiamasi effetto. P. e. io alzo il bastone, e vi aggiusto un buon colpo sulle spalle (senza sostanza però, poichè la sostanza del bastone non c'è, ma è una semplice astrazione della mia mente passata per mezzo delle qualità coesistenti nella vostra). Voi dite di provare un dolore, un dolore che ritenete cagionato dal colpo del bastone. Questo dunque è causa di quello: mi spiegai bene?

Filosofo — No, caro mio. L'idea di causa non è che l'astrazione de' fenomeni, appresi come succedentisi l'uno all'altro.

Ignorante — Bene! Meglio! Come p. e. è venuto l'eclissi, e dopo l'eclissi Gianantonio morì: dunque l'eclissi è stata causa della morte di Gianantonio.

Filosofo — Cioè si crede così dagli sciocchi in forza d'un vecchio pregiudizio; e così pure anche da quelli che si appellano filosofi, per riguardo a tutti quei fenomeni che non hanno altro legame tra loro che il succedersi gli uni agli altri, e per questo si chiamano cause ed effetti.

Ignorante — E così se un assassino che colpì un viandante con una trombonata, si vorrà condannarlo come causa dell'omicidio, costui si potrà sempre scusare col dire che la sua trombonata non fu causa della morte del viandante, ma che solo la precedette. Che l'assassino si lagnasse col giudice, perchè lo condanna alla morte, anche il giudice potrebbe scusarsi col dire che non è la sua sentenza causa della di lui morte, ma solo una fatale combinazione che la sentenza preceda l'operazione dei boja. Anche questa non la sapeva! Adesso devo spiegare la legge al modo mio, cioè da ignorante, e quindi sono proprio imbrogliato. Mi spiegherò con un esempio. Prima che si inventassero, □i cannoni non si usavano: lo ammetteva anche la vostra filosofia. Dopo che sono stati inventati si è scoperto che scaricandoli contro un muro lo rompono, lo fracassano, lo atterrano. Dunque ogniqualvolta una palla di cannone sarà scagliata contro una fortezza, se non al primo colpo, almeno al centesimo o al millesimo la fracasserà; ossia quando in generale un corpo è gettato contro un altro, lo urta, e se ha abbastanza forza, lo smuove, o fa qualche altro diavolio: e questa conclusione io la chiamo legge. Quei professoroni, che sanno tutti i segreti della natura, ne sanno tante di queste leggi.

Filosofo — Errore, caro mio, errore. Qui non v'ha che somiglianza di fenomeni, e le supposte leggi, non sono che un'astrazione di fenomeni che somigliano.

Ignorante — Ma se non c'è legge alcuna non si saprà nemmeno se i fenomeni futuri somiglieranno ai passati, e quando si tratterà di pigliare p. e. una fortezza, il Generalissimo sarà molto imbrogliato a decidere se debba adoperare i cannoni e le bombe, perchè non vi è una legge che ne assicuri gli effetti. E se le bombe future invece di fracassare i tetti, come le antiche, si posassero leggermente sopra i comignoli delle case, come un fringuello si posa sopra un ramoscello...

Filosofo — Siete uno sciocco.

Ignorante — Lo so da un pezzo. Ma non conoscendosi una legge sull'urto dei corpi, potrebbe darsi che una bomba di ferro in un nuovo attacco facesse l'effetto di una pallottola di sughero. E allora come si fa?

Filosofo — Come si è sempre fatto. Qui si tratta di una spiegazione filosofica, che corregga gli errori di tutti i filosofi vecchi e nuovi...

Ignorante - Dunque niuno ha saputo nulla fino a voi, signor filosofo.

Filosofo — Certamente che la vecchia psicologia dei metafisici non è che un sistema di fatti immaginario ed assurdo che nulla spiega. Ora però, grazie alle mie scoperte potrete apprendere per prima lezione, «che la materia, che noi concepiamo come sostanza è causa dei fenomeni esterni; che lo spirito che concepiamo come sostanza e causa dei fenomeni interni; che Dio, che concepiamo come causa e legge dell'Universo, altro non sono che astrazioni della mente, alle quali per una volgare illusione attribuiamo una esistenza reale ed obiettiva».

Ignorante — Signor Filosofo, dalla prima lezione ho imparato anche troppo. Ho imparato che non esistono corpi, non esistono spiriti, non esiste Dio, ma che tutto è illusione volgare. Basta, basta, signor Filosofo. Per la prima volta, lo ripeto, me ne avete insegnate troppe.

NOTA. — Ecco l'ultimo risultato della filosofia positiva. Ammirate questi novelli filosofi, che vogliono regalarci sì belle dottrine.

(Dal N. 14, Mantova 4 agosto 1872, del giornale Il Vessillo Cattolico).

La filosofia positiva e il vescovo signor Rota.

Scrivo di volo un articolo in risposta ad un Dialogo del Vessillo Cattolico, n. 14, intitolato: La psicologia positiva e i problemi della filosofia. E (come faccio sempre immancabilmente ad ogni cosa che pubblico per le stampe) lo sottoscrivo. Così, se qualcheduno non ne rimarrà soddisfatto, saprà con chi pigliarsela.

E lo dirigo al signor vescovo Rota. Perchè, stampandosi il detto Vessillo infra i felici confini del suo regno del Seminario regolato provvidamente secondo la forma più perfetta della monarchia assoluta, anzi dispotica, e per suo ordine, nessuno, fuori di lui, può averne, neanco parzialmente, la responsabilità.

Noto da prima che il Dialogo in questione non nomina la persona a cui fa allusione. Ma che però non tralascia di addurre tutte le particolarità che sono necessarie affinchè ognuno, leggendo, richiami al pensiero □mente la persona che vuol ferire. Il che giova allo scopo di poter colpire senza esporsi. Come si fa da chi insulta per istrada un passante, che crede pusillanime, e poi, se questo si ferma e mostra i denti, si ritira, soggiungendo: non dico con lei. Ma, signor Vescovo, sa ella che nome ha in italiano un simile contegno?

Noto in secondo luogo, che il Dialogo medesimo contiene un periodo virgolato. Perchè quelle virgole? Ecco il perchè. Il libro a cui si fa allusione, non contiene quel periodo; e di fatto non se ne cita la pagina; ma giova allo scopo del Dialogo, che si creda che vi sia; colle virgole poi se ne fa l'insinuazione; e se poi fosse domandata la ragione delle virgole è facile cavarsela con una scusa qualunque. Ma, signor vescovo, io qui domando di nuovo, come si chiama in morale un procedere come questo?

Il Vangelo dice: Guarda quello che uno fa, e saprai chi è. Che si desse mo il caso, forse assai strano per qualcheduno, che il Vangelo premesse ad un positivista e seccasse ad un vescovo? Sì, si dà. In qualche altra occasione ho sentito il bisogno, parlando col signor vescovo Rota, di appellarmi al

Vangelo, e di ricordarglielo; ma mi sono accorto che i miei argomenti non erano ad hominem e non avevano forza, essendo egli vescovo, non della morale evangelica, ma della sillabica.

Ma torniamo all'argomento. C'era un libro a cui, per amore o per forza, bisognava rispondere. Lo esigeva l'onore dell'armi. S'era anche troppo indugiato, e lo scandalo del silenzio doveva essere tolto ad ogni costo. Ma come fare?

Due erano le vie che si potevano seguire. Una difficile assai, ma leale, eventualmente più efficace, in ogni caso sempre utile alla verità, cioè l'analisi e la discussione scientifica degli argomenti del libro, uno per uno. Ed un'altra di gran lunga più facile, ma ignobile, senza profitto della scienza, e buona solo, al più, per darla ad intendere a quella povera marmaglia che pende dalle parole del Vessillo. Ora il signor Rota ha fatto il contrario di quello che doveva fare un vescovo ed un sapiente. Chè per tale ha inteso di darsi, quando s'è chiamato nel Dialogo l'Ignorante. Ha scelto la via ignobile, invece della nobile; e le buffonate invece delle argomentazioni scientifiche.

Ma come? Dopo avere, nello stesso numero del Vessillo, riportato l'articolo di Filippo Moriconi, intitolato: il clero cattolico e la scienza, smentirlo nella medesima pagina col confessare indirettamente di non avere a propria disposizione quegli scienziati poderosissimi che, al dire dello stesso, abbondano tanto nelle file de' suoi dipendenti?

Ammirabili codesti sillabici! Se cresce, a loro insaputa e loro malgrado, qualche bravo uomo fra di essi, subito, appena lo fiutano, se ne allarmano, come di un nemico pericoloso. Si mettono a perseguitarlo, dichiarano le sue dottrine false e malefiche, ne mettono all'indice i libri, e fanno dei concilii per condannare le scoperte scientifiche, anche quelle che sono evidenti come la luce del sole. Il Rosmini ed il Ventura, che il Moriconi ha avuto il coraggio di citare nell'articolo sopraddetto, ne sono, essi stessi, una prova recente. Se poi viene qualcheduno e dire: — Voi siete nemici della scienza — non hanno vergogna di farsi belli dell'ingegno, della dottrina, delle scoperte di questi stessi che odiano, perseguitano e condannano. Era un bravo uomo il Rosmini? E perchè mo' voi, tanto amici della scienza, non l'avete fatto cardinale, lui che si distingueva poi anche tanto per la vita morale e religiosa? Forse perchè ce n'erano dei più bravi di lui? Ma allora perchè il Moriconi non li ha nominati questi altri, ancor più bravi del Rosmini, nel suo articolo? E perchè mo' recentemente, quando sono stati nominati tanti vescovi, si sono dimenticati gli uomini più eminenti, oltrechè per religiosità, anche, e sopratutto, per scienza? Se non perchè la chiesa sillabica la scienza non l'ama, e i più bravi li considera, come ha detto molto sinceramente monsignor de Merode, buoni pel paradiso e non per farne dei vescovi?

E di questo spirito è poi una prova evidentissima il contegno di monsignor Rota. Nel clero mantovano ci sono dei preti, oltrechè buoni, anche forniti di mente e di cultura scientifica distinta. Ma ciò non costituisce un merito pel detto monsignore. Anzi si può asserire, senza timore di sbagliare, che la sua benevolenza pei preti della sua diocesi è precisamente, fino alla frazione, in ragione inversa della evangelicità dei sentimenti, e della cultura scientifica.

Come diceva dunque, non sentendosi in caso il signor Rota, e i membri del suo senato scientifico, neanco viribus unitis, di argomentare contro il libro, hanno scelto di assalirlo colle buffonate.

Ma nel farlo non hanno pensato una cosa. Non hanno pensato che un assalitore poco abile corre il rischio che l'assalito gli strappi l'armi dalle mani, e le rivolga fatalmente contro di lui.

Io, secondo il Dialogo Rotiano, chiamo la materia, la sostanza, ecc., ecc., astrazioni della mente. Il che dà luogo alla seguente furbissima tirata finale: Basta, basta, signor filosofo. Per la prima volta me ne avete insegnate troppe. Ecco l'ultimo risultato della filosofia positiva. Ammirate questi novelli filosofi, che vogliono regalarci sì belle dottrine!

Ma, signor vescovo illustrissimo, se il mio pensiero della materia, della sostanza, ecc., ecc., non è una astrazione della mente, che cosa è dunque? Scusate la mia dabbenaggine. Un piccolo schiarimento basterà a metterci d'accordo.

Quando penso, per esempio, alle corna, io dico, che nella mia mente non c'è nessuna cosa d'osso, ma solo una astrazione mentale; e che le cose d'osso, dette corna, bisogna, per trovarle, andarle a cercare sulle teste de' buoi, e di quelle altre bestie che le portano. E nel dir ciò credo di dir giusto. Credo fermamente che, se anche mi sottoponessi ad una visita, e, se volete, perfino all'autopsia, (a suo tempo, s'intende) non mi si troverebbe il tempio, ancora abbastanza ben chiomato, quantunque già un po' grigio, della mia ragione deturpato da quegli ornamenti belluini. Questo lo dico di me, e lo dico sul serio. Ma sarebbe possibile che io generalizzassi troppo? Poichè il signor vescovo Rota non vuole saperne di astrazioni mentali, ed esige che il pensiero si identifichi colla realtà stessa della cosa pensata, bisogna dire che egli abbia dei fatti in contrario alla mia povera opinione, e che qualcheduno, del quale egli, prima e meglio di ogni altro, possa fare testimonianza nella parte più augusta della sua persona, si senta veramente, quando parla di corna, non una semplice astrazione mentale, ma proprio una realtà palpabile e visibile, proprio una corona indecorosa ed oscena.

È così? Ebbene, io non mi oppongo: e così sia. Ancora però sarei da scusare, se, stabilendo la regola, non ho tenuto conto della eccezione, a motivo della sua estrema rarità.

Prof. Roberto Ardigò

DIALOGO II.IL FILOSOFO ED UN IGNORANTE

Ignorante — Dopo il primo nostro Dialogo mi è venuto il ticchio di fare il filosofo. Sarò l'asino che suonava il flauto, ma pazienza. Ditemi, signor filosofo. Abbiamo noi un'anima, sì, o no? Mi pare che diceste di no.

Filosofo — Ecco, intendiamoci: «Come la materia non è altro che una astrazione de' fenomeni fisici, così l'anima non è, se non un'astrazione de' fenomeni morali (Psicologia ecc. pag. 168)». ☐ Ignorante — Voi parlate un linguaggio per me troppo sublime. Spiegatevi. Io voglio p. e. andare al teatro. Chi è che vuole andare? Sono le mie gambe, o qualche cos'altro?

Filosofo — «Trattandosi della sensazione del volere... non c'è che riferirla a qualche cosa che non conosciamo, ma supponiamo esistere, dentro di noi e chiamiamo anima (pag. 251)».

Ignorante — Ma scusate, signor filosofo; si è finora creduto che le gambe camminassero, ma che fosse l'anima che le muovesse.

Filosofo — È vero, ma sapete voi a quante questioni dia origine questa falsa credenza? Prima di tutto «quante ne ha delle anime l'uomo? Tre, due, una sola? E non potrebbe un'anima sola bastare per tutti gli uomini? È essa una sostanza o una semplice forma? E di che è fatta? E dov'è prima d'entrare nell'uomo? E qual'è l'ora precisa che vi entra? E in qual parte di esso alloggia?... E in che consiste, e in qual modo si stabilisce, o si rompe la sua comunicazione cogli organi corporei?... E che farà quando se ne sarà svincolata? E potrà anche... (pag. 293)».

Ignorante — (interrompendolo). Basta, basta, signor filosofo. Ne avete trovati abbastanza degli imbrogli, molti de' quali però m'insegnava a sbrogliarli il catechismo del signor Curato, e molti si possono senza danno lasciare da sbrogliare poi un giorno. Ma la più spiccia è sbrogliarsi dell'anima. Allora però che cosa sarà questa faccenda del muover le gambe per andare al teatro?

Filosofo — Prendiamo le mosse più dall'alto. «Il filosofo positivista si ferma subito ad un fenomeno; al primo che incontra; al più comune; alla sensazione (pag. 298)»

Ignorante — Sicuro! Mi vien data una bastonata, ed io mi volto subito a guardare chi me l'ha data.

Filosofo — Ci siamo! Voi ricorrete sempre «alle buffonate, invece delle argomentazioni scientifiche (Provincia, giornale n. 56)». □Ignorante — Sapete pure che sono un ignorante.

Filosofo — State dunque attento se volete imparare, e non fare come quelli che «appena fiutano qualche bravo uomo, che cresce fra loro, si mettono a perseguitarlo, dichiarano le sue dottrine false e malefiche, ne mettono all'indice i libri...».

Ignorante — Sicuro «perchè non si sentono in caso di argomentare contro quel libro (ivi)» e confutarlo. Ma io sono qui per imparare.

Filosolo — Dunque sappiate che «da sensazione è inspiegabile in sè stessa».

Ignorante — Dunque anche voi siete un ignorante.

Filosofo — «È inspiegabile, ma ne ho conoscenza».

Ignorante — Conoscete dunque anche il non conoscibile.

Filosofo — Finitela colle buffonate. «Ne ho conoscenza, e in essa trovo la chiave che mi abilita a diciferare la cifra, prima illeggibile, dell'umano pensiero... Datemi le sensazioni e l'associabilità loro, ed io vi spiego tutti i fenomeni della vita psichica... la successione ha luogo in seguito ad una sensazione, d'ordinario di più sensi in una volta... e vi concorrono numerosissime sensazioni già prima sperimentate».

Ignorante — Scusate, ma ho paura che tutte queste sensazioni passate e presenti s'imbroglino nella mia testa. Ditemi; se mentre una palla corre per un verso io le do una spinta obliqua per un altro, essa non va nè per la prima nè per la seconda, ma per una terza direzione. Se mescoli assieme due colori, ne salta fuori un terzo, che non è nè il primo nè il secondo. Così ho paura che avvenga con tutte queste sensazioni.

Filosofo — Ma non sapete che vi sono tante fibre nervose che ricevono le sensazioni? «Nel solo nervo ottico sommano, come si crede, a cinquecentomila (pag. 303)».

Ignorante — Peggio, mio signore, peggio! Si farà maggior confusione. Una non saprà dell'altra; una □imbarazzerà l'altra; e poi ricevuta una idea, la perderà e la guasterà sopravvenendone un'altra.

Filosofo — Voi vi annegate in un bicchier d'acqua. «Prima di tutto una parte della sensazione cosciente si fa per così dire latente, e si fissa in forma di tendenza... Perciò un pensiero che si ricorda... è una forza dissimulata che riapparisce».

Ignorante — Cioè è la memoria che la richiama.

Filosofo — Si credeva che fosse «una facoltà taumaturga chiamata memoria».

Ignorante — E lo credevano gli ignoranti, ma i filosofi positivisti ce ne hanno liberati. Bene; ma a che fine ciò?

Filosofo — Fo per dire che coll'ajuto delle sensazioni latenti, che si risvegliano e delle presenti combinate in infiniti modi «si spiegano le infinite forme del pensiero per mezzo della divisione del lavoro».

Ignorante — Ammirabile trovato! Spiegatemelo un po' meglio.

Filosofo — Eccomi a compiacervi. Ecco una forza unica; una massa d'acqua corrente. «Mettiamoci, ad esempio, una ruota idraulica, a cui sia applicato un telajo alla Jacquard. L'acqua cadendo urta nelle pale della ruota, e questa gira... si muove il telajo... ogni organo del telajo ne piglia una parte e la trasforma diversamente... Infine ne esce un bel drappo a figure, a fiorami disegnati, disposti e colorati artisticamente. Il semplice peso dell'acqua è diventato l'intreccio dei fili...».

Ignorante — Scusate; se fate scorrere l'acqua da sè non formerà mica il drappo.

Filosofo — S'intende. «Questo è dovuto alle forme e alle disposizioni convenienti degli organi molteplici e diversi del telajo (pag. 307, 308)».

Ignorante — Scusate, signor filosofo, se v'interrompo; ma chi divise tra questi ordigni il lavoro?

Filosofo — Che domanda inopportuna! Furono «gli organi del telajo, che si divisero tra loro la forza pressata dall'acqua cadente, e appropriandosela la convertirono in tanti diversi lavori sapientemente coordinati».

Ignorante — Bello quel sapientemente coordinati! E bene, di tanti ordigni chi fu quel bravo, che ordinò gli altri?

Filosofo — S'intende; fu l'artefice.

Ignorante — Ah! fu l'artefice! Dunque nella vostra bella fantasmagoria della trasformazione, degli intrecci dei tanti fili nervosi eccetera eccetera, vi eravate dimenticato il più bello, cioè chi sia che li ordini, chi ne cavi delle conseguenze che non capiscono in quei fili nervosi, chi di tante sensazioni formasse p. e. un'Iliade, un Orlando Furioso, i Dialoghi di Platone. Voi paragonate questi sorprendenti lavori dell'umano ingegno, che non furono certamente opera nè del naso, nè delle orecchie, nè del palato, come dovrebbero essere, se il pensiero non fosse che un risultato di sensazioni variamente cucinate come fa il cuoco delle pietanze, li paragonate alla tela esilissima d'un ragno. Ma anche nel tessere a disegno quella tela vi è qualche cosa che non è nè la bocca, nè le gambe, nè lo stomaco del ragno e che dirige quell'operazione. Molto più poi vi deve essere, e vi è nelle mirabili operazioni dell'intelletto umano. Vorreste voi forse dire che il naso o la bocca mi danno idea della giustizia, dell'onore, della virtù, del tempo, dello spazio, idee che io, benchè ignorante, ho inteso chiamarsi astratte e che sono lavorio dell'intelletto? Allora dove va a finire tutta la vostra filosofia positivista? A negar l'anima, come hanno fatto da tanti secoli i materialisti, senza dare alcuna nuova spiegazione dei misteri dello spirito, ma soltanto illudendo gli sciocchi con prosaiche comparazioni, che zoppicano da quattro gambe. Scusate, ma la vostra filosofia somiglierebbe alla mia, se per andare a teatro volessi che la carrozza si muovesse da sè, o i cavalli mi vi conducessero senza cocchiere. Mi dareste allora del matto. E bene io non dico di più.

☐Amenità.

«Demolendo a pezzo a pezzo il cervello di un animale vivo, se ne diminuisce a pezzo a pezzo anche il pensiero (Filosofia ecc. p. 293)». Peccato che non si potessero raccogliere le scheggie del pensiero: che i fanciulli ne formerebbero dei bei castelletti come fanno di carte, di noci, ecc. e così farebbero più presto le loro piccole composizioni.

«Un pensiero piccolo è il consumo di poca forza: un pensiero forte di molta» p. 267. Quindi avendo lo scrittor di questa sentenza fatto un grande sforzo col forte pensiero espresso nella Provincia (n. 56) di collocare nella parte più augusta di persona che non nominiamo una corona indecorosa ed oscena di corna, speriamo che avrà consumata tutta la forza della sua bile, e diverrà in seguito più trattabile, e si mostrerà ancora più civile, più educato, meno digiuno del galateo.

(Dal n. 16, Mantova, 18 agosto 1872, del giornale Il Vessillo Cattolico).

Ancora la filosofia positiva e il vescovo signor Rota.

Mi perdonino i lettori della Provincia se torno di nuovo sul vescovo. Non occorreranno questa volta molte parole e saranno le ultime.

Nel mio articolo precedente, sul di lui primo dialogo, gli ho indirizzato alcune domande: qualcheduna anche relativa alla materia molto delicata della moralità più usuale. A queste domande, nella sua replica, nessuna risposta.

Nello stesso articolo ho fatto qualche argomentazione affatto semplice e chiara e soprattutto molto calzante sulla questione da lui mossa. Anche su questo silenzio perfetto.

Non può rispondere? Ma la questione allora è finita.

Ardigò - 7 ☐ Il vescovo signor Rota fa il sordo alle mie domande e scappa lontano dai miei ragionamenti. Io invece mi divertirò, tornando ancora una volta a notomizzare i suoi.

Quello (unico) che si contiene nel suo secondo dialogo è in sostanza così:
— L'autore della psicologia positiva insegna che le sensazioni elementari sono moltissime. Ora, perchè con tutte queste sensazioni non si faccia confusione, è necessario che ci sia l'anima. Se non ci fosse l'anima, chi metterebbe in ordine le sensazioni? — Ecco il ragionamento del signor Rota. E io soggiungo. Ottimamente! Proviamo dunque a farne un altro colla stessa logica, per vedere cosa ne vien fuori. Una pianta di zucca per esempio si forma per l'aggregazione di un numero infinito di particelle di diversissime qualità tratte dalla terra, onde sorge, e dall'aria in cui si sviluppa. Tutte queste particelle precipitano sulle diverse parti della pianta

per farla crescere e non vi fanno alcuna confusione, ma vi si distribuiscono con un ordine maraviglioso a formare i varj tessuti delle radici, delle foglie, dei fiori, del frutto e dei semi. Or come avviene ciò? A tale domanda il signor vescovo Rota, adoperando la sua logica, risponderebbe: perchè ogni zucca ha la sua anima, che mette a posto tutte quelle particelle e impedisce che facciano confusione. Bellissima questa! Non me la sarei proprio aspettata. Ma se le zucche, secondo la teoria di monsignor Rota, hanno l'anima, gli toccherà di andarle a cresimare, e di dare poi alle più grosse anche gli ordini sacri. E allora (ciò che a molti pare che tardi ormai troppo a succedere) la sua giurisdizione episcopale dalla ecclesia dei parlanti sarà trasferita ai campi delle mellonaie.

Prof. Roberto Ardigò

DIALOGO III. IL FILOSOFO E UN IGNORANTE

Ignorante — Sublime filosofo, permettete che mi inchini alla acutezza del vostro ingegno, e più ancora alla maestosa vostra magniloquenza.

Filosofo — Parlate da senno o mi burlate?

Ignorante — Da sennissimo. Quelle vostre metafore sono gemme inapprezzabili. L'altro giorno le corna, oggi le zucche, e il vescovo che va a cresimarle nella mellonaja (). Ma queste sono meraviglie più meravigliose che non le sette antiche meraviglie del mondo. Resto solo maravigliato come abbiate trovato sul Vessillo nel nostro dialogo, che io pubblicai a benefizio degli ignoranti miei pari, il nome del Vescovo, che non c'è un jota.

Filosofo — Ci vuol tanto a capirlo? Viene fuori dal Seminario. Dunque...

Ignorante — Ah! Ho capito: voi da buon filosofo positivista, che fabbrica tutto sopra le sole sensazioni, che ☐vengono dai cinque sensi, l'avete fiutato (col naso, s'intende), come certi sillabici hanno fiutato quel bravo uomo, che siete voi (Provincia, n. 67).

Filosofo — Ho detto in generale, non ho inteso parlar di me.

Ignorante — Oh! siete troppo modesto! Però avete addotte tutte le particolarità necessarie, affinchè ognuno, leggendo, richiami al pensiero infallibilmente la persona (ivi) di cui intendevate parlare, e quindi mi perdonerete se... Non vi ho poi fatto disonore, se ho creduto che siate il bravo uomo cresciuto in mezzo ai Mantovani a loro insaputa e loro malgrado, benchè neghi che vi abbiano perseguitato. E poichè vi stimo un bravo uomo, vorrei sapere come avete fatto colla vostra psicologia a scoprire l'autore del nostro dialogo.

Filosofo. — Voi non sapete nemmeno che cosa voglia dire psicologia.

Ignorante — Verissimo, perchè sono ignorante, e perciò vi prego di istruirmi.

Filosofo — La faccenda è lunga: convien prendere le cose dall'alto.

Ignorante — Anche dalla cima della cupola di S. Andrea, se volete.

Filosofo — La cognizione è vera per sè stessa.

Ignorante — Quando non sia uno sproposito.

Filosofo — Non può mica esserlo, perchè ciò che si chiama rappresentazione, o idea, non è una appartenenza di un soggetto.

Ignorante — La non c'entra nella mai testa: io mi rappresento il sole; e questa immagine non ha valore come cognizione, nè dipende dalla somiglianza del suo oggetto, cioè del sole?

Filosofo — No, perchè è una realtà in se stessa, e per essere concepita come tale non ha bisogno di essere riferita nè ad un soggetto, di cui sia il modo di esìstere, nè ad un oggetto, di cui sia l'immagine.

Ignorante — Se ho capito bene questa vostra filosofia ☐trascendentale, la faccenda cammina così. Ecco il ritratto che si dice di Napoleone I. È desso proprio il suo ritratto? Per saperlo non c'è bisogno nè di un soggetto che lo possa o voglia sapere, nè che sia stato al mondo Napoleone I, per verificare se ne sia proprio l'immagine. Vi veggo le mie buone difficoltà.

Filosofo — La cognizione consiste nel semplice fatto di essere data, e questo è sempre vero.

Ignorante — E come farò a conoscere che quello sia il vero ritratto, se manca il soggetto conoscente e l'oggetto conosciuto? Mi sarà dunque impossibile conoscere anche qualunque altra verità.

Filosofo — Ma non vi ho detto che la cognizione è vera per sè stessa; che la sua verità non consiste in una supposta corrispondenza con un termine opposto; corrispondenza che, essendo indimostrabile, induce necessariamente lo scetticismo?

Ignorante — Ma scusate, signor Filosofo; ma se ho qui una figura, che si dice essere il vosto ritratto, e insieme la vostra graziosa persona (che Dio salvi ad multos annos), non potrò dire se il ritratto vi somigli, o no? E la sua corrispondenza col suo originale sarà indimostrabile? Oh! andate là che siete proprio un originale!

Filosofo — Voi intendete le cose troppo materialmente.

Ignorante — E come volete che faccia altrimenti, se la sensazione, unica fonte, secondo voi, di cognizione, non mi dà altro.

Filosofo — Dovete capire che la cognizione, e quindi la sua verità consiste nel semplice fatto di essere data.

Ignorante — Quindi se uno mi dice che il sole è nero, che il circolo è quadrato, che voi siete un matto, siccome è un fatto che queste cognizioni mi sono date (da un altro matto, vedete), conviene che concluda che sono vere.

Filosofo — Ma voi mi mancate di rispetto, e non posso scusarvi che col darvi dell'ignorante.

Ignorante — Grazie! Questo è proprio in ☐corrispondenzadenza coll'oggetto che sono io; e quindi voi ritornate così a ragionare all'antica.

Filosofo — Mai più, mai più. I filosofi fin'ora non hanno capito che cosa sia verità volendola riferire a certe loro pretese idee assolute, necessarie, universali, eterne, ecc. ecc.

Ignorante — Roba troppo fina. Io ho bisogno di cose chiare, come a dire: due e due quattro; quattro e quattro otto; eccetera.

Filosofo — Benissimo! Premetto dunque che tutti gli atti psichici...

Ignorante - Che, che! Che cosa sono questi atti psichici?

Filosofo — Tutte le cognizioni particolari o astratte, voleri, affetti, ecc. tutti, nessuno eccettuato, sono, o sensazioni o ricordanze di sensazioni. E perciò dipendono totalmente dalla qualità, dalla forma, dall'atteggiamento di qualche organo.

Ignorante — Dunque supposto un altro organismo, p. e. un naso più grasso o più piccolo, un occhio nero, o cilestro, un orecchio più corto come il vostro, o più lungo come il mio, il pensiero dell'uomo sarebbe affatto diverso.

Filosofo — È quello che, senza le vostre scurrilità da ignorante, dico anch'io. Con un altro organismo le cose al nostro pensiero si presenterebbero diversamente; come all'occhio, se gli mettiamo avanti un vetro colorato, si colorano diversamente gli oggetti che osserva.

Ignorante — Chiara, come due e due fanno quattro. Dunque con un certo organismo due e due fanno quattro, quattro e quattro faranno otto; e con un altro organismo due e due faranno sei, e quattro e quattro faranno dodici. Coll'organismo di una forma il circolo sarà rotondo, e con uno diverso il circolo sarà quadrato. L'occhio rivolto alla destra mi mostra la neve bianca, in un altro atteggiamento, volto p. e. a sinistra, me la fa comparire rossa. E siccome la cognizione è vera per sè stessa, e non vi è bisogno di riferirla ad un oggetto, come sarebbe p. e. confrontare □i computi coll'abbaco, posso dire che tre via quattro fanno quindici, e tre via cinque fanno venti, e lasciar che l'abbaco gridi finchè vuole all'errore, poichè se sono veri i suoi computi fatti coll'organismo di chi lo inventò, sono veri anche i miei fatti con quell'organismo che mi fè madre natura, o per dir meglio coll'organismo atteggiato alla forma della vostra positiva psicologia; che Dio me ne scampi in eterno.

Filosofo — Sapete la cosa com'è? Voi avete un organismo che capisce tutto al rovescio.

Ignorante — Grazie anche di questo.

Filosofo — Io vi dirò una cosa che parerà assurda, o almeno stranissima, ma che pure è vera.

Ignorante — Attenti!

Filosofo — Coll'organismo diversamente disposto potremmo chiamare esterne quelle che adesso chiamiamo sensazioni interne, e viceversa.

Ignorante — Adesso capisco finalmente che cosa sia un filosofo positivista, e mi pare di esserlo divenuto ancor io. Mi sento un forte dolor di ventre, e mi sembra una sensazione interna; ma con un altro organismo la potrei chiamare esterna, p, e. un soffio di vento entrato per la finestra. Tocco e palpo questo pane e sgretolandolo allegramente credo che mi entri per la bocca nello stomaco, e di esterno diventi interno; ma variando il gusto del palato posso affermare che è tutto un interno lavorio della immaginazione, e così mangiare e saziarmi coll'aria che spira. Un ignorante di matematica, come sono io (ed è ben vergogna perchè al presente la matematica si insegna anche ai bimbi degli asili infantili), dice: sette e cinque quindici, e può darsi che questa sensazione interna, cioè questo sproposito, divenga un altro giorno, con altro atteggiamento del cervello, una sensazione esterna, cioè una verità tanto vera quanto la vostra psicologia positiva; con questo solo incomodo che converrà stampar un abbaco per ogni organo secondo il suo presente atteggiamento, colla riserva di mutarlo ad ogni variazione che pel caldo o pel freddo, ☐per l'umido o per l'asciutto vengono a soffrire questi organi molto delicati. Fortuna che sono state inventate le macchine da stampa a vapore!

Filosofo — Voi non siete buono che di spargere di ridicolo le cose più serie.

Ignorante — Perdonate! Io anzi parlo sul serio di cose da ridere, e dico che la vostra scienza nuova è una nuova panacea per guarire tutti i matti dell'ospedale, che non si dovranno più stimar matti, ma filosofi positivisti. State a sentire; questi si crede imperatore del Giappone, quest'altro figlio del cielo, un terzo ricco come Rotschild, un altro inventore dell'arte di volare. Tutte queste sono sensazioni interne, ma però tutte vere, perchè la loro verità non dipende dalla corrispondenza col loro oggetto: e queste da interne possono diventare esterne, e sempre verissime: e quindi verissimo che il primo è imperatore del Giappone, il secondo figlio del cielo, il terzo un riccone sfondato e il quarto lo vedremo volar per aria; e tutto questo in grazia della psicologia come scienza positiva.

Filosofo — Poche parole e saranno le ultime (Provincia, n. 62). Voi non siete buono che d'ingiuriare.

Ignorante - Domando perdono.

Filosofo — No, no: la cosa sta così. Se io fossi vendicativo vi farei mettere in prigione.

Ignorante — Ed io, se fossi ministro della pubblica istruzione, vi manderei a insegnare la filosofia al manicomio.

(Dal n. 18, Mantova 1 settembre 1872, del giornale Il Vessillo Cattolico).

La psicologia positiva e il vescovo signor Rota.

Monsignor Rota ci regala un terzo dialogo sulla mia psicologia. Mi permettono i lettori della Provincia di dirne qualche cosa malgrado l'intenzione già espressa di non parlar più? Sarà credo non inutile affatto per la causa santa della scienza e della moralità.

Dunque, neanco nel terzo dialogo non ha saputo rispondere a nessuna (dico nessuna) delle precedenti mie domande e argomentazioni.

Nemmeno a quella ultima umilissima delle zucche. Rispetto alla quale ha creduto (molto ingenuamente in vero) di cavarsela, dicendo che, se volesse rispondere, gli sarebbe facilissimo, anzi troppo facile, di farlo. La cavatina, signor vescovo, non gioverà a salvarla. Non ha risposto, perchè non lo può. Nè lei, nè nessuno. E mi smentisca, se è in grado.

Dunque constato di nuovo: Non può rispondere.

Io, per me, la consiglierei, nel frangente, a chiamare in suo ajuto il signor Arciprete di Montagano, Agostino Tagliaferri, del quale in calce al Vessillo di Domenica, è annunciata la seconda edizione di un Esame del mio libro, e che io servirò poi a suo tempo, insieme con qualche altro. Provi, signor Vescovo, se, con quell'ajuto, potesse cavarsi d'impaccio.

Ma, se non risponde a niente, che cosa contiene il terzo dialogo?

In primo luogo delle carezze episcopali e rotiane al mio indirizzo.

In secondo luogo, un nuovo saggio, ed insigne, di lealtà.

In terzo luogo, dei nuovi ragionamenti che, come di solito, il signor vescovo Rota ha fatto per imbrogliare vieppiù sè stesso.

Delle carezze non dirò niente. Si sa che quando si è baciati troppo amorosamente non si ha piacere di essere veduti, stante l'offesa che ne verrebbe al pudore. Dirò solo dei ragionamenti e della lealtà.

I ragionamenti si possono ridurre a tre. Uno, sulle sensazioni interne ed esterne; un altro sulla verità della □cognizione obiettiva; e un terzo, sulla corrispondenza tra la forma dell'organismo e quella del pensiero.

Una domanda per ciascun ragionamento.

1°: Che significano presso i psicologi, anche ultraortodossi, le espressioni, sensazione interna e sensazione esterna? Ed in che rapporto stanno, l'una e l'altra, colla organizzazione, nell'uomo e negli altri animali, secondo i dati positivi della fisiologia umana e comparata?

2.°- Giusta l'insegnamento di tutti quanti i filosofi di vaglia (compresi, s'intende, anche gli ultraortodossi), ciò che si dice — la cosa — , nel confronto che si fa di essa colla sua idea, è forse altro dalla mera percezione, che è quanto dire da un semplice pensiero?

3.°- L'organizzazione fisiologico-psichica dell'uomo porta, che egli abbia il pensiero del numero, della figura geometrica e via discorrendo. E quindi, che due e due faccia quattro e non cinque, e che il circolo sia il circolo e non il quadrato. E ciò perchè è appunto in siffatte ragioni che consiste l'avere il pensiero dei numeri e delle figure geometriche. Quella stessa organizzazione pel numero, per la quale arrivate a dire, due, vi costringe a dire, due e due quattro. Quella stessa organizzazione per la figura geometrica, per la quale arrivate a concepire il circolo, vi costringe a concepirlo come circolo e non come quadrato. Facciamo ora, col dialogista, l'ipotesi, che si cambi quella organizzazione; e che gliene sottentri un'altra, che non comporti più che si abbia, nè il pensiero del numero, nè quello della figura geometrica. In questo caso, come si potrà fare la supposizione tanto furba del dialogo, che si pensi — due per due fa cinque — dove non si ha più il pensiero, nè del due nè del cinque; e — il circolo è quadrato — dove non si ha più il pensiero, nè del circolo nè del quadrato?

Ora a Lei, signor Rota. Può o non può dare delle risposte a queste tre domande?

Non può? In questo caso si dovrebbe conchiudere che giudica ciò che non conosce. □Può? Ma allora, siccome le risposte stesse fanno da sè svanire le obiezioni, si dovrebbe dire che ella usa dolosamente la finzione di ritenermi colpevole di spropositi, che sa che non ho commesso.

È questo un piccolo dilemma, col quale lego le mani e i piedi del signor vescovo Rota. Provi, e veda se può romperlo e muoversi.

Vengo ora alla terza cosa: al saggio della lealtà.

Nel dialogo in discorso sono accusato di avere proclamato me stesso (nel n. 56 della Provincia) un bravo uomo. E l'accusa è fondata sulla affermazione del dialogista, che io addussi tutte le particolarità necessarie, affinchè ognuno leggendo richiami al pensiero infallibilmente la mia persona.

Ecco le particolarità più salienti da me addotte: Persecuzione, condanna delle dottrine per parte di concilii, e poi che gli stessi persecutori si facciano belli e si gloriino della persona perseguitata.

Sta per me la circostanza della persecuzione? Il dialogista si affretta a dire di no. E la circostanza della condanna per parte di concili? Un onore così grande non m'è mai stato fatto, che mi sappia. E la circostanza che monsignor Rota e la sua compagnia mi citino con compiacenza e mi lodino? Non mi pare neanco questa.

Arrogi poi che nello stesso articolo, per togliere ogni dubbio, dichiaro espressamente, che il bravo uomo, di cui parlo, è il Rosmini, citato dal Moriconi.

Dunque è palese e indubitabile che non lo dico di me. Dunque l'accusa non è vera; e la si fa, sapendo che non è vera.

Signor Rota,

(E mi rivolgo a lei, come ho detto un'altra volta, perchè è lei, e nessun altro, il padrone del Vessillo).

Che un vescovo, scrivendo di filosofia contro un positivista, non riesca ad altro che a confutare se stesso, ciò può far ridere la gente dotta;

Che un vescovo provochi con ingiurie volgari, senza spirito, e riboccanti di fiele chi è condotto dallo studio a pensare diversamente da lui, e non pensa del resto menomamente a molestarlo, ciò può far piangere i più cristiani;

Ma che poi un vescovo dimentichi il precetto divino di non fare falsa testimonianza, ciò, se ne assicuri, fa schifo a qualunque abbia ancora nella coscienza qualche cosa di umano.

Prof. Roberto Ardigò

DIALOGO IV.IL FILOSOFO ED UN IGNORANTE

Ignorante — Altro che non parlar più! Avete sciolto proprio molto bene un'altra volta il scilinguagnolo. Egli è perciò che avendo capito che vi è passata la malinconia del silenzio, sono venuto di nuovo per apprendere un'altra lezione.

Filosofo — Con voi, egli è come un lavar la testa all'asino: vi si consuma il ranno ed il sapone.

Ignorante — Sarà; poichè tra asino ed ignorante vi è poca differenza. Sarebbe però un bel merito per voi se riusciste a fare d'un asino un filosofo positivista.

Filosofo — Impossìbile! Voi non rispondete nulla alle mie difficoltà, e restate sempre ostinato...

Ignorante — Proprio come un asino.

Filosofo — Uditemi: «Giusta l'insegnamento di tutti i filosofi di vaglia... (Provincia n. 79)».

Ignorante — Però che abbiano avuto la patente di filosofi di vaglia da voi: altrimenti... Filosofo — Altrimenti saranno asini. «Dunque giusta l'insegnamento di tutti i filosofi di vaglia, ciò che si dice — la cosa — nel confronto che si fa di essa colla sua idea, è forse altro che la mera percezione, che è quanto dire un semplice pensiero?».

Ignorante — Per capir bene l'astrusa vostra filosofia ho bisogno d'andar per via d'esempi, e grossolani: Supponiamo che la vostra cosa sia la cupola di S. Andrea.

Filosofo — Sia pure.

Ignorante — La sua idea è come un disegno di quella, eseguito non in carta ma in alcune molecole del mio cervello.

Filosofo — Appunto.

Ignorante — Ora veniamo al confronto. Prima di tutto per fare un confronto vi bisognano, secondo il mio poco giudizio, due termini.

Filosofo — È naturale.

Ignorante — Ma voi me ne levate uno, cioè la cosa riducendola alla mera percezione, a un semplice pensiero.

Filosofo — Ma ho detto nell'atto che si fa il confronto colla sua idea.

Ignorante — Ma anche allora non vi è là quella benedetta cupola, che si vede lontano dieci miglia? Dite dunque che quando pensate all'idea entro la vostra testa, benchè grossa, non si trova certamente la cupola di S. Andrea: ma quando fate il confronto della cosa colla idea, la cosa deve esistere in qualche luogo; quando non si tratti di idee fantastiche, fittizie, le quali però hanno anch'esse un oggetto, cui rappresentano, benchè imaginario e non reale. E come non, se la stessa parola idea significa rappresentazione o imagine?

Filosofo — Io dico e sostengo che è una mera percezione.

Ignorante — Un passo alla volta, signor filosofo; perchè chi va piano, va sano. Percezione secondo me si ha quando guardo p. e. la nostra cupola. Questa fa una impressione ne' miei occhi, e per questi nel mio cervello e, come si ☐insegnava una volta, per un misterioso commercio dell'anima col corpo, anche nell'anima, dove lascia un certo che ben diverso dalla cupola, certamente non così grosso, che chiamasi idea. Quando poi penso a questa idea p. e. stando comodamente assiso al mio scrittoio, allora ho nella testa la sola idea; e, quindi non faccio confronto, ma solo ripenso alla cupola per mezzo dell'idea. Or bene, se nell'un caso e nell'altro io dicessi che la cosa, cioè la cupola non è altro che una mera percezione, un semplice pensiero, non mi si darebbe a ragione del matto?

Filosofo — Ma non capite che l'idea non è che idea, ma però una realtà in sè stessa?

Ignorante — Oh! Povero il mio cervello! Dunque ho nella mia testa realmente la cupola di S. Andrea!

Filosofo — Quanta pazienza cogli ignoranti! La cupola non ci ha che fare. La realtà dell'idea non ha bisogno di essere riferita ad un oggetto di cui sia immagine (Vedi il dialogo precedente).

Ignorante — Cioè, non c'è obbligo che esista realmente quella benedetta cupola. Essa è una mera percezione, un semplice pensiero; e vuol dire un sogno della mia mente. E dalla cupola passando a tutte le altre cose visibili ed invisibili, tutto è mera percezione, semplice pensiero. Scusate, signor filosofo, un'altra volta vi additai un luogo dove potreste insegnare la vostra filosofia, ed ora sarei in pensiero di aggiungere al consiglio una calorosa esortazione. Non ve ne offendete mica, se pare così che vi stimi un matto. È questa una mia idea, la quale non avendo bisogno per essere concepita come tale, di essere riferita ad un oggetto di cui sia immagine, io posso darvi del matto da mattina a sera senza che abbiate ragione di lamentarvene. Anzi gli stessi vostri lamenti, quando li confronto col signor filosofo, non essendo che una mera percezione, un semplice pensiero, entratomi non so come, in capo, scomparendo la cosa, che siete voi, rimangono un vuoto suono, anzi neppur suono ma un mio sogno. Ma guardate se la fantasia umana, cioè la mia, ☐è capricciosa! Sognare non solo che vi è una cupola di S. Andrea, ma anche che un filosofo pari vostro è un matto?

Filosofo — Voi provocate sempre con ingiurie volgari, senza spirito, riboccanti di fiele, chi è condotto dallo studio a pensare diversamente da voi (Provincia, ivi).

Ignorante — Ah penso dunque io, e pensate voi! Ma io penso diversamente da voi; e come mo' avviene questo, mio signor filosofo? Filosofo — Non lo avete ancora capito? Avviene per la diversa organizzazione fisiologico-psichica (!!!).

Ignorante — Ah! i cervelli non son mica tutti simili! Me n'ero ben accorto ancor io, benchè ignorante!

Filosofo — Ed è per questo che prendete le mie dottrine sempre al rovescio. Io vi dissi che le cognizioni dipendono dalla qualità, dalla forma, dall'atteggiamento dell'organismo, e che con un altro organismo le cose al nostro pensiero si presenterebbero diversamente.

Ignorante — Ed io da bravo scolaro ripetendo la lezione, soggiunsi che con un organismo due e due facevano quattro, il circolo era rotondo, ecc., e che con un altro organismo due e due farebbero cinque e il circolo sarebbe quadrato.

Filosofo — La lezione non l'avete capita, benchè chiarissima. Datemi un organismo talmente disposto che porti che l'uomo abbia il pensiero del numero, della figura geometrica, e via discorrendo: allora due e due faranno quattro, e il circolo non sarà quadrato. Facciamo ora l'ipotesi che si cambi quell'organizzazione e che gliene sottentri un'altra che non comporti più che si abbia nè il pensiero, nè il numero, nè quello della figura geometrica...

Ignorante — Adagio, adagio, signor filosofo: giuochiamo forse di bussolotti? Voi mi cambiate l'organino in un'incudine da fabbro. Lo so anch'io che non si potranno più eseguire quelle belle sinfonie! Ma sapete voi che cosa è questo modo di ragionare? Proprio da giocoliere. ☐Perdute le idee di numero, di figure geometriche ecc. lo so anch'io che non si potrà più dire due e due fanno cinque e il circolo è quadrato. Ma sapete voi qual'ipotesi avete allor fatta, quale diversità introdotta nell'organismo? Quella che passa tra un uomo ragionevole, ed un bruto insensato, o pure tra un uomo dì sana mente ed un matto. Lo so anch'io che allora potreste sfidarmi a fare la supposizione tanto furba che due e due fanno cinque; ma io ho ragione di chiedervi: la vostra organizzazione ha forse sofferto quella variazione che fa perdere all'uomo il miglior suo bene, quello dell'intelletto? Ne dubito molto; e quindi dimando a chiunque ha fior di senno se possa mai darsi che in uomo di sano cervello possa operarsi una tale variaziome d'organizzazione fisiologica psichica da affermare che due e due fanno cinque, e il circolo è quadrato? Se si desse bisognerebbe dire che al pover uomo avesse dato di volta al cervello, e chi lo giudicasse sano sarebbe ancor più matto. Come debba poi chiamarsi chi sostiene tali assurdi come scoperte della nuova psicologia positiva, io non lo voglio ripetere, perchè l'ho detto anche troppo. Vi riverisco.

(Dal N. 21, 22 settembre 1872, del giornale Il Vessillo Cattolico).

La psicologia positiva e il vescovo signor Rota.

Finalmente Mr. Rota si è scosso; ha capito che non si poteva più a lungo far orecchie di mercante; e ha tentato, in un quarto dialogo qualche risposta.

E a quali delle mie istanze ed argomentazioni ha egli tentato di rispondere? A due delle ultime: a quella sulla certezza e all'altra sulla organizzazione.

Ma, e alle prime, che sono ancora tutte intatte, come quella delle zucche, circa le quali gli ho detto ripetutamente, che non rispondeva perchè non poteva? ☐ Niente ancora.

E alle accuse di falsa testimonianza che tanto dovrebbero bruciare ad uno che si senta galantuomo?

Nemmeno.

Ah! forse perchè la cosa è un po' troppo difficile.

Ebbene, si prenda del tempo. Vuole un mese, un anno, un lustro? Parli con confidenza, sono disposto a concedergliene quanto ne vuole.

Intanto esaminiamo, cominciando dall'ultima, le due risposte accennate, frutto della meditazione di tre settimane, e guardiamo di pronosticare, dal valore di esse, la fortuna riservata alle altre di là da venire.

Si può o non si può, cambiata l'organizzazione, dire: due per due fa cinque? Nel dialogo terzo il nostro Monsignore aveva detto di sì.

Nel quarto, sforzato dalle strette del mio ragionamento, si ritratta e dice di no; e così cede e mi dà ragione. Non solo, ma in un ultimo disperato sforzo per non restare per ciò a mia discrezione, fa come quella lepre che, inseguita dal cacciatore, va a rifugiarsi nel di lui zaino. Poichè accampa che, cambiandosi l'organizzazione di un uomo, si avrebbe non più un uomo, ma un bruto.

Ah! dunque, secondo Monsignor Rota, la differenza tra il bruto e l'uomo non è che di organizzazione? Che volete di più? A Mantova dunque anche i Vescovi hanno da diventare positivisti, e positivisti ultra!

Vista così la riuscita della risposta sulla organizzazione, passiamo a quella sulla certezza.

A rilevare le assurdità e le contraddizioni che contiene, ci vorrebbe, non un articolo, ma un libro. Ma a che? Non ci sarebbe il prezzo dell'opera. All'uopo nostro basteranno le osservazioni che seguono.

La teorica della certezza, come si trova in tutti i trattati, anche elementari, di filosofia, ha due parti. La prima ☐è contro gli scettici, che dubitano della esistenza del proprio pensiero; la seconda contro gli idealisti, che l'ammettono, ma dubitano della esistenza delle cose fuori della coscienza.

Monsignor Rota, a quanto apparisce dai dialoghi del Vessillo, non conosce questa distinzione elementarissima, di certezza interna ed esterna. E, pigliando a casaccio qualche proposizione staccata del mio libro, relativa alla certezza interna, la riferisce alla esterna, per farmi poi dire che nego l'esistenza della cupola di S. Andrea, e quindi far ridere la gente sullo sproposito rotondo e colossale.

Ma non insegno io e non sostengo e non dimostro io, nel mio libro, ad ogni pagina si può dire, la indestruttibilità scientifica della certezza della esistenza esteriore, e con argomenti tali che i miei avversari filosofi hanno trovato inattaccabili? Chè io fondo la certezza che l'idea del reale è essenzialmente correlativa alla cosa di fuori in ciò, che essa ci apparisce e deve apparirci come un effetto all'interno di una causa che ci rappresentiamo nel mondo esteriore. E sono tanto lontano dal ridurre le sostanze materiali esterne a semplici forme mentali, che anzi dichiaro espressamente che queste forme mentali stesse, nella loro condizione speciale di atti cogitativi di un soggetto pensante, sono entità di formazione secondaria e tardiva, supponenti anteriormente delle altre entità affatto impersonali ed extrasoggettive.

Nella stessa pagina, dalla quale sono prese le citazioni del Vessillo (p. 347), dico espressamente che ciò che si chiama rappresentazione non è primitivamente ed essenzialmente una appartenenza di un soggetto.

Il Rota che non ha capito niente di tutto questo (forse perchè non ha neanche letto il mio libro, e ha preso le frasi che cita da qualche articolo contro di me, della Civiltà cattolica e della Rivista universale) mi accusa di ridurre tutto l'essere al semplice atto soggettivo del pensiero. Al contrario il Mamiani, che la sa più lunga, ed ha visto dove risiede veramente la specialità della mia dottrina, mi dà l'accusa contraria; mi accusa cioè di togliere di mezzo il soggetto e di non lasciar sussistere che gli oggetti. Due accuse contradditorie: quello che ci vuole perchè si distruggano da sè.

Se io, consentaneamente ai miei principj, e in forza di essi, dico che la Cupola di S. Andrea (per seguitare coll'esempio rotondo e colossale di Monsignore) è un dato colore reale, una data forma reale, una data resistenza reale, una data solidità, ecc. ecc. tutto reale, e che si trova in un dato sito, e vi si sperimenta da me e da qualunque altro in ogni tempo vi applichi i sensi, e che cadendo schiaccerebbe chi vi è sotto, anche se ha in capo la mitra, che si esige di più perchè si dica che io ammetto la realtà di una cupola? Ovvero qual'è il realista più esagerato che ammetta di più di quello che ammetto io?

Quando dico che la cognizione è vera per sè stessa, e che la sua verità non consiste in una supposta corrispondenza con un termine opposto, ciò va inteso nel senso contrario agli scettici, cioè della cognizione in quanto è un fatto psichico reale, che non è in nostro potere di non porre nella mente una volta che vi esista.

Volete considerare quelle parole in relazione al valore obiettivo della cognizione? Allora distinguete in essa quella che si chiama l'immagine o la rappresentazione presa in sè stessa e come una mera forma della mente, da quella che si chiama la percezione della cosa. Poniamo che l'immagine si trovi conforme alla percezione: in questo caso l'immagine è vera due volte, cioè nel senso antiscettico e nel senso anti-idealistico, Nel senso antiscettico, perchè è una realtà innegabile del pensiero, nel senso anti-idealistico, perchè è conforme alla percezione, che è pur essa una cognizione. Poniamo invece che l'immagine si trovi disforme dalla percezione. Allora l'immagine sarà vera come fatto della coscienza e falsa come realtà esterna. E siccome anche la percezione si può considerare sotto i due aspetti suddetti, così anche per essa vale il ☐medesimo principio; la verità di una percezione nel senso anti-idealistico è stabilita non da sè stessa, come dice il signor Rota (il quale così, senza saperlo, difensore malaccorto del realismo, apre le porte all'idealismo) ma dalle percezioni che, volendo, si possono ripetere e variare. Un cieco dalla nascita per cateratta, che veda in seguito alla operazione, ha una sensazione ed è certo di averla. Ma non sa tuttavia che rappresenti le cose al loro posto, per non avere ancora fatto l'esercizio e i confronti ora detti. L'ho accennato in una nota alla pagina 375 e seg. del mio libro, dove chiamo la percezione un esperimento, a differenza della semplice apprensione che chiamo una osservazione, e come metterò in piena evidenza in un libro che spero col tempo di pubblicare col titolo di dinamica mentale.

Quando poi soggiungo che la corrispondenza tra la cognizione e ciò che non è tale è indimostrabile, e che a mettere a fondamento della certezza un rapporto indimostrabile la si distrugge anzichè stabilirla e si diventa scettici, come fa Monsignor Rota, scettico senza saperlo, che faccio io se non ripetere quanto insegnano i migliori filosofi, anche quelli canonizzati, come S. Agostino e S. Tommaso? Anche quel Balmes che fu citato con tanto rispetto nel Vessillo del passato giovedì?

Dico che ripeto semplicemente quanto insegnano i migliori filosofi, perchè in ciò nè io, nè gli altri positivisti, non abbiamo innovato niente. Sicchè Monsignor Rota, che colle sue burle e coi suoi vituperj crede di canzonare me, canzona invece e vitupera i santi a cui fa orazione ed un autore che ha lodato e raccomandato, e quindi in fine dei conti, canzona e vitupera e chiama matto se stesso.

Ma i libri del Balmes li ha letti il signor Rota? Se li ha letti vi avrà trovato la dottrina che combatte. E allora perchè pigliarsela coi positivisti, in ciò semplici scolari, anzichè con lui, e perchè raccomandarne la lettura? O non li ha letti? In questo caso la raccomandazione che egli fa agli altri di leggerli io la faccio a lui. La faccio a lui perchè apprenda che sono proprio i suoi maestri quelli che dimostrano che egli nel voler difendere la realtà dei corpi si dà la zappa sui piedi e riesce precisamente a provare il contrario, scettico senza saperlo, come sopra lo trovammo positivista suo malgrado.

E farebbe opera assai più santa e profittevole che di studiarsi di mettere così goffamente in derisione ciò che non intende.

Quando Galileo dimostrava che la terra gira e il sole sta fermo, i Rota d'allora invitavano gli idioti a ridere di lui, sicuri che gli idioti non avrebbero potuto, nè ascoltare nè intendere i suoi ragionamenti divini, e vincere così le apparenze ingannatrici e i pregiudizi dell'ignoranza. I Rota d'adesso fanno lo stesso col positivismo. Ma il risultato sarà il medesimo. Ai Rota il plauso insensato e brutale del volgo più spregevole. Ai positivisti, come a Galileo, il santo conforto della cognizione del vero, la gloria della derisione per esso sofferta e il regno della scienza dell'avvenire.

Prof. Roberto Ardigò

DIALOGO V. IL FILOSOFO ED UN IGNORANTE

Ignorante — Perdonatemi, signor filosofo, se sono qui di nuovo a incomodarvi; ma questa volta vengo non per me ma per voi.

Filosofo — Voi... per me...?

Ignorante — Sì, perchè mi preme l'onor vostro. Ho dovuto contrastate con una mala lingua, che voleva sostenere che non siete nè cattolico e nè anche religioso: ma io ho sostenuto tutto il contrario. ☐Filosofo — Cattolico, cattolicissimo! più cattolico che quegli ignoranti, che vogliono giudicarmi senza intendermi. Quando avrò pubblicate tutte le mie opere, e spiegato tutto il mio sistema, allora si vedrà se non sono più cattolico di quei bigotti che mi gridano la croce addosso.

Ignorante — Senza dubbio! E intanto ditemi un poco se è vera quella calunnia che voi non ammettete l'anima umana? Veramente avendo sempre creduto d'averla, mi rincrescerebbe molto il perderla, benchè sia quella di un ignorante.

Filosofo — Prima di tutto bisogna che vi dica che «il filosofo positivista (e nessun altro fuori di lui) può già avere la speranza di sciogliere le quistioni materialistica, morale, idealistica e dello scetticismo (p. 314)».

Ignorante — A parte la modestia, per far carità a tutto il genere umano, che sta qui pendente dalla vostra bocca, degnamente rappresentato da un ignorante. Avanti.

Filosofo — Cominciamo dalla materialistica, giacchè voi istesso l'avete proposta. Vedete! finora gli spiritualisti sono caduti nell'idealismo, e i sensisti nel materialismo, che combattuto acremente si sostiene oggi intero e formidabile come prima, e atto a vincere gli avversari in tutti i loro trinceramenti (pag. 315).

Ignorante — Dunque addio anima!

Filosofo — No, caro mio: bisogna che c'intendiamo bene. Io non nego l'anima, ma spiego in che consista: cosa che niuno ha fatto finora. «Il sentimento di un atto volontario, per esempio, è universalmente ritenuto, siccome una manifestazione diretta dell'essenza stessa dell'anima, e costituisce pei più la prova principale, e, a loro credere, inconcussa della sua esistenza (p. 248)».

Ignorante — E ciò a me, che sono ignorante, sembra naturalissimo. Mi sono levato dalla mia sedia per venire ad ascoltarvi: quest'atto non può essere stato fatto semplicemente dalle gambe, ma da un certo che, che le ha mosse, e che diciamo anima. ☐Filosofo — Benissimo! Eppure tutto ciò non è che una illusione volgare (p 249).

Ignorante — Proprio? Ma come mai sin qui questi atti si sono riferiti all'anima?

Filosofo — «I così detti atti volontarii, che infine non sono che sensazioni, si riferiscono all'anima, e non, come ha luogo per altre sensazioni, ad un qualche organo del corpo, o ad una cosa fuori di noi, per due ragioni».

Ignorante — Spiegatemele chiaramente, perchè sono duro di testa.

Filosofo — «Primo, perchè somigliandosi moltissimo tra loro i diversi atti, o per meglio dire, i diversi sentimenti di volere, e non avendo noi modo di distinguerli, stante l'impossibilità in cui siamo di vedere i movimenti degli organi cerebrali, a cui conseguono...»

Ignorante — Scusate, se v'interrompo: ma chi li ha da vedere e distinguere questi movimenti, se non c'è l'anima che ne faccia la rivista?

Filosofo — Attendete. «Li confondiamo insieme, e li concepiamo quali produzioni di una attività unica».

Ignorante — Secondo il mio poco giudizio non solo li concepiamo quali produzioni di una attività unica, ma li sentiamo, e ne siamo intimamente persuasi che procedono da una sola attività. Per bacco! Io mi sono alzato di letto, ho fatto colazione, sono andato al passeggio, ho visitato un amico, sono venuto a trovarvi per diventare anch'io filosofo, e sento che tutto ciò è stato fatto da me, e non da tanti organi, organetti ed organini del cervello, e dovrò dire, che tutte queste cose le credo fatte da un solo me per effetto di una illusione volgare? Finora la non ci entra nella mia testa.

Filosofo — Guardate! «Succederebbe lo stesso per le sensazioni tattili delle dita della mano. Non le distingueremmo tra loro e le attribuiremmo tutte al medesimo organo, se non avessimo una cognizione chiara e sicura di ciascun dito».

Ignorante — Ma per amor del cielo, chi è che deve ☐distinguere queste sensazioni, che deve imparare a conoscere qual'è il dito pollice e quale il mignolo, chi sono questi noi, se non c'è una anima? Vedete! voi negate l'anima, e poi parlate come se l'aveste.

Filosofo — Ma sentite tutto prima di rispondere. «Nelle dita minori dei piedi, che ci sono meno famigliari di quelle delle mani...»

Ignorante — Famigliari a chi? Ecco dunque il noi e perciò l'anima!

Filosofo — «... le diverse sensazioni sono già meno distinte; e siamo costretti per accertarci, che il dito toccato è l'uno piuttosto che l'altro, di portarvi la mano».

Ignorante — Benissimo! E così diviene credibile un fatterello da me creduto finora una barzelletta. Un pover'uomo cadde da un'altura, e credette essersi fracassata una gamba. Tenendola stretta con ambe le mani andava gridando con quanto fiato aveva: povera la mia gamba! Mi sono rotta una gamba! Portato all'ospedale, collocato sul letto, visitato dal medico, povera la mia gamba! seguitava, tenendola stretta. Ma su di buon animo! esclama il medico, la gamba è sana sanissima. Ah! signor dottore, soggiunse a gran fatica il poveretto, la mi scusi: la è quest'altra la rotta, quest'altra!! Poveretto! non aveva ancora acquistata una cognizione chiara e sicura delle sue gambe, anzi di nessuna, perchè ambedue erano sane. Era un filosofo positivista ancora in erba! — La prima ragione è molto bella, e la seconda?

Filosofo — «La seconda ragione è poi quella che abbiamo accennato sopra della forza».

Ignorante — Scusate: allora io non era a scuola: favorite di ripetermi la lezione. —

Filosofo — «L'atto del moto volontario delle membra è in noi accompagnato da una sensazione speciale, la sensazione della forza muscolare».

Ignorante — E chi eccita questa forza muscolare? E questa sensazione è causa o effetto del moto volontario?

Filosofo — A poco per volta. «Le fibre muscolari, ☐raccorciandosi e tirandosi dietro le parti a cui sono attaccate, producono per mezzo dei filamenti nervosi la detta sensazione».

Ignorante — Dunque la detta sensazione è causa del moto volontario. Ma chi muove le fibre muscolari, quando p. e. standomi comodamente seduto mi determino ad alzarmi?

Filosofo — Accade «nello stesso modo che, nell'udito, le vibrazioni... producono la sensazione del suono, che... per naturale illusione è da noi collocato nell'oggetto sonoro».

Ignorante — E nel caso della sensazione della forza muscolare, nel moto volontario, che avviene?

Filosofo — «Questa dapprima si confonde e compenetra coll'altra, in sè affatto diversa del volere; e se ne fa una sola. E poi, così commista, la si attribuisce a ciò che si dice anima, e alla mossa dei muscoli operanti; con grossolana illusione».

Ignorante — Per un grossolano giuoco di bussolotti, dirò io. Come avete voi introdotto nell'atto, chiamato da voi, volontario, il volere mentre non avete parlato che di filamenti nervosi, di stiramenti e raccorciamenti di muscoli, i quali avete fatto giocare a vostro capriccio senza indicare la prima molla che li svegliò dal loro sonno, e poi vi introducete sotto mano il più importante, e il più difficile, per voi, da spiegarsi, il volontario? Se tale è tutta la vostra Filosofia, la chiamo proprio, come dissi un'altra volta, filosofia da bussolotti.

Filosofo — Compatisco la vostra ignoranza, e non do alcun valore a queste ingiuriose parole. Concludiamo dunque l'argomento, ossia la seconda ragione. «Quando l'uomo ha una sensazione, ha la tendenza di riferirla a qualche cosa».

Ignorante — Ma se tutto è sensazione, se nulla vi ha nell'uomo che sensazione, chi è che ha la tendenza di riferirla a qualche cosa?

Filosofo — Che pazienza cogli ignoranti! «Nel caso d'un suono, la riferisce all'oggetto sonoro; nel caso di un dolore, alla parte lesa. Ma trattandosi della sensazione del volere, con cui non si può associare, nè l'idea di un oggetto esteriore, nè quella d'un organo corporeo conosciuto ed apparente...»

Ignorante — E se non sapete riferirla ad un organo corporeo conosciuto, come pretendete poi di riferirla ancora ad un organo corporeo sconosciuto senza darvi alcuna pena di provarlo?

Filosofo — Finiamola! (prosegue) «come dicemmo, non c'è che riferirla a qualche cosa che non conosciamo, ma che supponiamo esistere dentro di noi, e chiamiamo anima... per la doppia illusione indicata ».

Ignorante — Finitela piuttosto voi cogli equivoci. Quando un suono mi colpisce l'orecchio, io sono, come direbbesi in grammatica, passivo: ma quando mi alzo da sedere per camminare sono attivo: son io che mi determino, è l'anima che muove le gambe e tutto il corpo. E molto più poi quando studio, medito, ragiono, e faccio tante altre cose, che finora s'è dimostrato da filosofi non potersi fare dalla materia.

Filosofo — Dunque quando voglio qualche cosa, sento un suono p. e., in do, sento l'anima che fa do. «La conseguenza è un poco ridicola, ma poste le vostre premesse irrepugnabile (p. 252)».

Ignorante — Sciocchezza, pari a quella delle zucche portata un'altra volta per tutta risposta alle propostevi mie difficoltà. Altro è sentire un suono, altro è determinarsi a qualche azione, benchè è pure diversa cosa l'essere materialmente percosso da ciò che rende suono, ed altro è accorgersi di questa sensazione, cosa che manda a monte la vostra parità delle zucche.

Filosofo — E pure «i sentimenti, le passioni, lo stato dell'animo dipendono da un moto o da una disposizione organica, tanto che si possono produrre artificialmente per mezzi fisici».

Ignorante — In parte sì per quel misterioso commercio ☐ dell'anima col corpo, che i filosofi non sono ancora giunti a spiegare. Ma egli è un fatto constatato milioni di volte dall'esperienza, che l'animo si conserva il medesimo in istati totalmente diversi di organi a disposizione, p. e. sanità e malattia; e che gli stessi mezzi fisici operano in diversi soggetti, e spesso nel medesimo contrarii effetti. Che vuol dir ciò? Un malfattore all'aspetto del rogo arrabbia, o tramortisce, un martire della fede esulta: onde ciò? Forse dalla diversa conformazione del cervello? Forse si potrebbero cagionare questi diversi effetti con mezzi fisici, p. e. con bevande? Mi pare che voi dobbiate essere molto disposto a prestar fede agli incantesimi, ai filtri amorosi, ed alle stregonerie. Sono mezzi fisici per eccitare le passioni! Eh! Se ci fosse una bevanda che infondesse il senno!

Filosofo — Però non potete negare che «a certe mostruosità organiche degli animali non corrispondano delle mostruosità nelle loro manifestazioni psichiche... che non diversifichino... secondo lo sviluppo materiale dell'organo... e per non dir altro, come le funzioni di ciascheduna delle due metà simmetriche del cervello... il più spesso si sovrappongono e si immedesimano in un solo me, o in una sola coscienza, così qualche volta non si contrappongono in più me, o in più coscienze distinte e contrarie (p. 280)».

Ignorante — Poffar del mondo! Dunque possono essere in me due me, e fors'anco tre me! p. e. un me che crede essere un'anima spirituale, e questo me collocato nel lobo destro del cervello, e un altro me appiattato nell'altro lobo, che crede non esser altro che un poco di cervellino da far fritelle; un me che crede a Dio, un altro me che non crede che al pane che mangia e al vino che trangugia! Ma sappiate, signor filosofo, che questa è proprio dottrina tutta nuova! Lo so anch'io che non vi è che la filosofia positivista, che possa sciogliere tutte le questioni, dietro cui sudarono inutilmente fin qui i più valenti ingegni del mondo! Raccontano le favole che ☐Gerione aveva tre corpi guidati da un'anima sola; ed io lo credo, perchè un buon cocchiere può guidare anche sei cavalli. Ma che in un corpo solo possono trovarsi tre me, cioè tre matti, è cosa che io non posso credere, quando non trattisi di tre filosofi positivisti. ()

(Dal n. 23, 6 ottobre 1872, del giornale Il Vessillo Cattolico).

La psicologia positiva e il vescovo signor Rota.

Trovandosi nel suo quinto dialogo, di fronte al mio articolo quarto — che lo ha messo al muro su tutti i punti — che ha fatto Monsignor Rota?

Udite e imparate!

Perchè ha visto che gli era affatto impossibile di cavartela rispondendo, ha pensato bene di far uso, verso di esso, di un rispettoso silenzio, e di non dire — nemmeno una sillaba — ; come se io non l'avessi mai pubblicate e nessuno mai l'avesse letto. Ed è passato addirittura ad un altro argomento. È un esempio classico di lealtà. Dunque monsignore, in una polemica mossa, non da me, ma da lui, mancandogli la ragione per rispondere, ricorre alla marioleria di fare il sordo e di cambiare discorso!

Ma gli gioverà?

Gli prometto di no. Anche l'astuzia di fare il sordo e di cambiare discorso ha il suo rimedio.

Persisterà nel suo non rispondere? Ed io lo lascierò dire. Perchè chi ragiona sul serio e per la verità non tien dietro punto per punto alle parole incoerenti di uno che svia a bella posta il discorso per ingannare la moltitudine che non capisce. Ma a suo tempo lo castigherò, come si conviene, di nuovo, facendo, se ne varrà la pena, la rassegna retrospettiva dei meriti psicologici dei dialoghi vessilliani.

La quale rassegna, credo, sarà molto edificante; mentre nel quinto dialogo in discorso, Monsignor Rota ha avuto la prerogativa di affermare una decina di falsità insulse, di calunniar un morto, e di mettere in derisione il povero apostolo S. Paolo.

Prof. Roberto Ardigò

DIALOGO VI.IL FILOSOFO ED UN IGNORANTE

Ignorante — È tanto che sento parlare di morale, ed ignorante come sono, mi è venuto voglia di imparare anch'io qualche cosa, essendo necessario che anche gli ignoranti siano morali, cioè, secondo me, onesti, giusti, galantuomini. □Filosofo — Certamente! E per ciò ben volentieri mi presto ad istruirvi, perchè finora, nella passata filosofia il problema morale è stato insolubile (pag. 318), cioè nessuno ne ha capito nulla.

Ignorante — Che fortuna che siate comparso voi in questo felicissimo secolo! Ah siano grazie a barba Giove, dirò anch'io come quell'antico, che mi ha fatto nascere sotto questo bel cielo italiano, e a tempo opportuno per essere da un così grande uomo trasformato da ignorante in un filosofo positivista. Avanti.

Filosofo — Attento. «Per gli uni l'atto morale è il prodotto di tre fattori distinti, diversi e nel loro essere separati; la volontà libera, l'idealità regolatrice, e l'affetto movente».

Ignorante — Adagio, per poter masticar bene prima questo boccone. Volontà libera! Se non c'è libertà, non c'è nè bene, nè male, non si merita nè premio nè pena.

Filosofo — Così si diceva una volta.

Ignorante — E adesso no? Andiamo avanti: l'idealità regolatrice! Se non m'inganno, avete voluto dire la legge. E anche questa è necessaria: perchè una azione in tanto è buona o cattiva, in quanto è conforme o difforme dalla regola, ossia dalla legge.

Filosofo — Così si diceva una volta.

Ignorante — E adesso no? Basta; andiamo avanti: l'affetto movente! Certo! quel che si fa, si fa sempre per qualche motivo, e questo è o buono o cattivo, e così è buona o cattiva l'azione. Mi pare che tutto cammini su quattro gambe.

Filosofo — Nemmeno con una! «La filosofia positiva ha distrutto questa trinità fittizia».

Ignorante — Oh bella! Se questo è vero, io sono proprio un ignorante; ma se non è vero, l'ignorante siete voi. Ma siccome ad un filosofo non si può dar dell'ignorante, così bisognerà dire che siete un...

Filosofo — Che cosa vorreste dire? Ignorante — Niente, niente. Che cosa è dunque secondo Voi questa volontà libera?

Filosofo — Essa è «l'atto esecutivo, ossia la traduzione di una disposizione organica centrale in un movimento periferico».

Ignorante — Periferico! Che parola da filosofo! Ho inteso spiegare dal professore di matematica agli alunni dell'Asilo la parola periferia. Dunque periferico vorrà significare circolare, e movimento periferico sarà come la trottola, giuochetto gradito ai fanciulli. Dunque la volontà libera è una trottola, che gira, o una qualunque ruota, che si avvolge sul suo perno. Scoperta degna della filosofia positiva. E la legge?

Filosofo — L'idealità regolatrice, si deve dire: e questa è «la rappresentazione mentale regolatrice, ossia l'effetto deLLe cose esterne sui sensi».

Ignorante — Questa è un poco più chiara. Io veggo p. e. il vostro orologio; l'effetto della sua impressione sui miei sensi si è che mi piace, lo bramo, e cerco di averlo: l'idealità regolatrice mi dice: prendilo, e me ne suggerisce anche il modo. E così io opero in perfetta conformità coll'idealità regolatrice. Mi pare che con questa morale i più morali abbiano ad essere i ladri, e che in questo processo c'entri già anche l'affetto movente.

Filosofo — Certamente, perchè questo non è che «da relazione fra la volontà libera e l'idealità regolatrice, per cui un movimento si converte nell'altro, come nel telegrafo elettrico l'atto di scrivere in una stazione, pel filo, diventa alla stazione opposta l'atto di essere scritto».

Ignorante — Quindi l'atto di vedere l'orologio nel ladro si converte nell'atto che fa la mano di prenderlo; e così è spiegata la moralità delle azioni. Ma a questi conti bisognerà chiamare morale anche l'atto del gatto, che ruba l'arrosto al cuoco.

Filosofo — Sentite, e non ve ne scandalizzate, come faranno certi altri ignoranti che si credono sapienti. «La manifestazione morale non è un fenomeno che apparisca solo nell'uomo, e che sia l'effetto di facoltà esclusivamente umana».

Ignorante — Ma io ho sempre sentito dire che l'uomo solo è capace di far bene e male, di meritar premio o castigo.

Filosofo — Ecco l'errore: «Ma si sa esservi una gradazione insensibilmente crescente, dall'infimo degli animali all'uomo; e nell'uomo stesso cresce col crescere dell'età, e di nuovo diminuisce di conserva colle forze fisiche».

Ignorante — In quanto all'uomo ho capito; esso non è responsabile delle sue azioni, che quando ha la ragione perfetta. Bambino o pazzo non lo è.

Quel che mi riesce nuovo è che anche gli animali siano capaci di moralità, in proporzione della loro malizia; dal che risulta che il gatto che ruba la carne, essendo il più malizioso, farà più grave peccato e dovrà confessarsene!

Filosofo — Oh! che mi tirate fuori la confessione!

Ignorante — Scusate! ma si parla di uomini in piccolo, in fotografia; perchè credo che nella vostra scala il cane e il gatto tengono il primo gradino al di sotto dell'uomo, e quindi la loro moralità sia poco inferiore a quella dell'uomo. Però se non sono obbligati a confessarsi una volta all'anno, si potranno giustamente punire quando fanno male.

Filosofo — E così pure si fa. «Non si può non ammettere una certa semimoralità nelle azioni degli animali più vicini all'uomo».

Ignorante — Senza dubbio si formeranno de' canoni penitenziali un po' più miti per gli animali, e non potendosi imporre loro dei rosarii da recitare, si sferzeranno o si faranno digiunare. Ecco un nuovo trattato di morale da studiare pei confessori.

Filosofo — E voi sempre interrompete con baje. «Il contegno di ogni uomo coi detti animali lo esige assolutamente... Se la libertà appartenesse esclusivamente all'uomo, come si spiega allora il fatto dell'apprezzamento morale applicato agli altri animali?».

Ignorante — Siete voi che ne fate un tale apprezzamento. Io non ho mai inteso che il gatto rubando l'arrosto faccia peccato.

Filosofo — «Chi negherà che un uomo non pregiudicato, spassionatamente trattando cogli altri animali, non faccia uso ne suoi giudizii sulle azioni loro dì un criterio analogo a quello, onde fa stima delle umane?»

Ignorante — Ah! ah! ah! Ho sentito dal mio curato che i confessori studiano il trattato de actibus humanis; ma in seguito dovranno aggiungere anche quello de actibus gattorum, cavallorum, ed anche asinorum. Ah! ah! ah!

Filosofo — Sono gli sciocchi che ridono.

Ignorante — Grazie.

Filosofo — «Ma l'ira e l'amore nell'uomo non si sviluppano soltanto in occasione dei così detti atti liberi dell'uomo, ma pur anco per quelli dei bruti, e per fino per le cose inanimate. Quindi uno strumento, che non serve bene in un'opera, per isdegno lo si spezza. Il bruto fa altrettanto: esso si vendica contro un altro bruto, contro la pietra che gli è scagliata contro».

Ignorante — E così il giudice che condanna l'assassino, il cuoco che batte il gatto ladro, l'iracondo che spezza l'istrumento che non serve bene, il cane che morde il sasso, fanno tutti un giudizio morale fondato sulla moralità dell'assassino, del gatto, del cane, e perfino della penna che non getta bene. Oh che stupenda filosofia! E dire che prima di voi non se ne sapeva nulla! Ho però bisogno ancora di una spiegazione. L'assassino uccide il viandante, e il gatto il topo. Ha mo' il gatto quei rimorsi di coscienza, che prova senza dubbio, almeno qualche volta, l'assassino, ripensando al delitto commesso?

☐Filosofo — No, perchè i suoi organi sono meno perfetti di quelli dell'uomo. Però dovete notare che la coscienza s'inganna, quando giudica che un'azione sia libera, cioè che provenga da una deliberazione spontanea, non legata e dipendente da movimenti fisiologici precedenti, poichè non se ne avvede, non s'accorge del nesso causale che esiste tra pensiero e pensiero. «Sorge nella mente un pensiero buono a dominare gli altri? È un genio buono, che lo ha ispirato. Sorge invece un pensiero malvagio? L'inspirazione viene da un genio cattivo (pag. 337)».

Ignorante — E non è mica vero? Oh! il diavolo vi renderà molte grazie, signor filosofo, poichè così lo sottraete a tante calunnie, di cui ogni giorno, poverino, è ingiustamente aggravato, quasichè non facesse altro che tentare gli uomini al male. Oh! se qualcuno mi dirà in seguito, come Eva: il diavolo mi ha sedotto; calunniatore, gli dirò: tu sei quegli che ha peccato. Il diavolo è innocente come un bambino di latte. Ma a quanto mi dite, pare che sia innocente anche la volontà.

Filosofo — Ecco come tutto si spiega. «Non conoscendosi la semplice legge della associazione delle idee, e il numero infinito delle combinazioni loro, si attribuisce all'intervento della volontà, che si compiaccia di fare quella distribuzione, ciò che dipende da quella legge e che produce l'azione creduta libera»

Ignorante — Tutto effetto di quella benedetta ignoranza! Ma come va che non ostante questa vostra bella dottrina, io sento in me di volere e non volere, ma proprio io, e dopo pure tutte quelle combinazioni che voi avete scoperto?

Filosofo — Procurerò di farmi meglio capire, «Ogni rappresentazione psichica ha una propria impulsività volontaria... Aggiungendo il motivo, che non è poi altro se non che una seconda rappresentazione, si hanno due impulsività, invece di una; le quali sommate insieme, ☐valgono appunto l'atto della determinazione, che ne emerge».

Ignorante — Ho inteso: veggo su d'una tavola una borsa di danaro, che stuzzica l'appetito: ecco la prima impulsività; mi viene in mente che mi può fare di molti servigi, e la prendo: ecco la seconda impulsività. Quindi il furto è una cosa morale, moralissima: è una forza che si converte, come dite voi, e niente più, come a dire un giuoco di bussolotti. Ma è poi volontario?

Filosofo — Certamente: «Ogni rappresentazione psichica ha una impulsività volontaria: cioè non c'è bisogno di ricorrere ad altro per dar ragione dell'atto volontario: la ragione dell'atto è la stessa impulsività dell'idea».

Ignorante — Io darei l'appetito; e quindi quanto maggiore sarà l'appetito di una cosa, tanto più volontario e morale sarà l'atto.

Filosofo — Non dite male, e quindi «la più forte impulsività è quella della sensazione attualmente impressa... E ciò spiega come l'appetito sensitivo, come dicevano gli antichi, eserciti sulla volontà un impero immensamente maggiore, che non l'appetito intellettivo» ossia ragionevole.

Ignorante — La qual cosa quei rigidi antichi moralisti deploravano come un disordine, ma voi colle vostre nuove teorie la trovate perfettamente conforme all'umana natura, ed anche a quella dei bruti, e quindi morale, moralissima.

Ed io recapitolando alla meglio, come può fare un ignorante, le vostre dottrine, considerando che avete formata una morale, che non ha una norma, una legge cui si debba uniformare; che avete tolta all'uomo la volontà, riducendo tutte le sue operazioni ad un giuoco più o meno complicato di sensazioni; che attribuite tutte le determinazioni della volontà alla spinta che danno gli oggetti e le sensazioni all'uomo per produrne i suoi atti, che così sono involontari e necessarii: considerando come sia pur troppo vero che l'appetito sensitivo ha tanta forza sull'uomo, senza che perciò esso ne sia, secondo voi, ☐responsabile, ho pensato che la vostra morale debba piacere molto ai ladri, ai birbi, ai mariuoli, ai lenoni e a tutta la rispettabile loro compagnia, assolvendoli essa tutti da colpa: perlochè dovrebbesi aprire tutte le prigioni, abolire i codici penali, risparmiar le spese dei tribunali, licenziare la famiglia del criminale e così voltar faccia al mondo, il quale finora ha vissuto nelle tenebre e nella barbarie. Riformato esso così, diverrebbe, in grazia della filosofia psicologico-positivista, un bel gregge d'Epicuro, o piuttosto una selva di bestie feroci, e qualche cosa ancora di peggio, se pur vi ha.

E così noi mettiamo fine, o lettore, a questi nostri dialoghi, ritenendo di averne detto abbastanza per far conoscere quanto sia poggiala sul falso, e come sia indegna di qualunque uomo che non abbia rinunciato ad ogni onesto sentimento, alla coscienza, al pudore, una filosofia, che rovescia non solo la metafisica, ma l'etica, ed ogni legge morde, ed apre così la via ai più turpi disordini, a tutte le iniquità. Non si adiri l'autore da noi mai nominato, benchè più volte ci abbia stuzzicati ne' pubblici fogli, non si sdegni, se portiamo della sua filosofia questo in apparenza severo giudizio. Saremmo pronti a sostenerlo, quando ei si accingesse a rispondere, non con celie, piuttosto che con ragioni, come ha fatto altre volte, ma con sodi argomenti. Guardi piuttosto alle tristi conseguenze che ne verrebbero alle famiglie, alla società, a quella gioventù, che gli è affidata da istruire, se le sue dottrine fossero accolte e sviluppate praticamente nelle loro facili conseguenze. Che se questi dialoghi a nulla serviranno per lui, come fortemente temiamo, servano almeno ai genitori ad illuminarli affinchè preservino i loro figliuoli da tali funeste dottrine, lasciando noi loro la cura di trovarne il modo per non suscitare col suggerirlo spiacevoli animosità.

(Dal n. 31. 1 dicembre 1872, del giornale Il Vessillo Cattolico).

☐Ancora una per monsignor Rota.

L'Ignorante del Vessillo Cattolico taceva già, in seguito alla mia ultima risposta, da due mesi, ed io lo credeva morto. Quando l'altro ieri vien fuori a farsi sentire di nuovo. Ma solo, pare, per fare testamento. Poiché dice nella conclusione: E così mettiamo fine, o lettore, a questi nostri dialoghi.

Nella stessa conclusione sono ammirabili le parole seguenti: Saremmo pronti a sostenerlo quando ei s'accingesse a rispondere, non con celie, piuttosto che con ragioni, come ha fatto altre volte, ma con sodi argomenti. Leggendole, mi è tornata alla mente una scena di una commedia molto nota al nostro popolo, nella quale un personaggio ridicolo, dopo avere ricevuto al bujo tre buone bastonate esclamò: fuggiamo inosservati.

Monsignor Rota (L'Ignorante del Vessillo Cattolico), col dire che, se cessa, è però pronto a rispondermi, e ciò dopo che in tutta la polemica precorsa non è stato buono di ribattere mai neanche il più piccolo dei miei argomenti e, in faccia ad essi, ha usato la mariuoleria di fare il sordo e di cambiare discorso, fa proprio la figura di Gioppino, che, dopo averne prese tre sulle spalle, dice: fuggiamo inosservati.

Eh! lo sa bene Monsignore, che il suo forte nel combattere la scienza e quelli che ne fanno professione non è nei ragionamenti, ma bensì in altri mezzi tutt'altro che scientifici. E lo confessa egli stesso colle seguenti ultime notevolissime parole del suo articolo: Lasciando noi loro la cura di trovarne il modo per non suscitare col suggerirlo spiacevoli animosità. Pensi però monsignor Rota che un positivista può non solo aver ragione in faccia alla verità, ma anche avere il coraggio di dare la sua vita per difenderla, contro i suoi nemici. Il meschino Ignorante suddetto argomentando nel dialogo-testamento in discorso contro la mia etica positiva e contro il mio principio, che è l'idealità schietta e disinteressata che conferisce il vero suo carattere distintivo all'azione umana e morale, come tale, che sempre, se anche il più delle volte debolissimamente (anche se come semplice protesta contro la deliberazione antiideale) concorre alla produzione dell'atto (vedi Ps. pos. pag. 329, 330) per combatterlo, mette fra le idealità morali anche il rubare, e mi fa dire che il rubare io lo legittimo e lo lodo, e che per esser logico dovrei essere un ladro anch'io. Oh! ingegno fino di Monsignore! Così per argomentare contro uno scrittore d'arte e contro il suo principio, che è inspirandosi alle idealità estetiche che si arriva a produrre il bello, egli, seguendo la medesima logica, metterà fra le idealità estetiche tutte quante le cose brutte, per cavarne la conclusione che quello scrittore lavora a danno dell'arte.

Ma, se non la scienza, sarà però almeno la morale il forte di monsignore. E sono invero molto commoventi le riflessioni della conclusione già citata, relativa alla morale mia. Eccole: La filosofia positiva rovescia... l'etica ed ogni legge morale, ed apre così la via ai più turpi disordini, a tutte le iniquità... Guardi (l'autore della Psicologia Positiva) alle tristi conseguenze che ne verrebbero alle famiglie, alla società, a quella gioventù, che gli è affidata da istruire, se le sue dottrine fossero accolte e sviluppate praticamente nelle loro fatali conseguenze. Che se questi dialoghi a nulla serviranno per lui, come fortemente temiamo, servano almeno ai genitori ad illuminarli affinchè preservino i loro figliuoli da tali funeste dottrine, lasciando noi loro la cura di trovarne il modo per non suscitare col suggerirlo spiacevoli animosità!

Ma perchè sia decisa tra me e lui la questione della moralità, è contento Monsignore che si faccia appello all'autorità del Vangelo? Ivi si legge che la regola per giudicare della bontà della dottrina morale di uno è di guardare quello che fa. — Li conoscerete dai loro frutti — dice il testo evangelico, come monsignore avrà letto qualche volta.

Or bene prendiamo per termine di confronto il contegno mio e di lui nella presente polemica, della quale ognuno può avere davanti a sè gli estremi precisi e compiuti. Quale fu il mio, quale quello di monsignor Rota nella detta polemica?

Egli (come più volte gli ho dimostrato, e non ha potuto negarlo) ha mentito; ed io no.

Egli ha calunniato; ed io no.

Egli, facendo il sordo alle mie argomentazioni e cambiando discorso per cavarsela, fu sleale nella discussione: ed io no, mentre ho sempre risposto ad hominem.

Egli, sentendosi perdente nelle argomentazioni, consiglia, a danno di chi sente che ha ragione, altri mezzi per impedire che sia detto il vero; ed io no.

E fermiamoci qui, chè basta al mio discorso.

Chi fu dunque più morale di noi due? Lui ovvero io?

E di chi è giusto che si desideri, che si richieda, che si aspetti la conversione? Di lui o di me?

E di chi gli insegnamenti teorico-pratici sono più da temere per la società, per la famiglia, per l'individuo? I sillabici rotiani o i positivi miei?

Per la decisione, io positivista mi rimetto puramente e semplicemente al criterio evangelico: — Li conoscerete dai loro frutti. — Sto a vedere se il vescovo ha nel vangelo la stessa fiducia che vi ho io.

Prof. Roberto Ardigò

ROBERTO ARDIGÒ